云端致胜

亚马逊电商帝国的财富密码

王晨晖　编著

中国宇航出版社

·北京·

图书在版编目(CIP)数据

云端致胜 ：亚马逊电商帝国的财富密码 / 王晨晖编著. --北京：中国宇航出版社，2014.1

ISBN 978-7-5159-0501-3

Ⅰ. ①云… Ⅱ. ①王… Ⅲ. ①电子商务—商业企业管理—经验—美国 Ⅳ. ①F737.124.6

中国版本图书馆 CIP 数据核字(2013)第 237796 号

策划编辑	田方卿	责任校对	方　妍
责任编辑	卢　珊　刘　唯	装帧设计	文道思

出版发行　中国宇航出版社

社　址	北京市阜成路 8 号	邮　编	100830
	(010)68768548		
网　址	www.caphbook.com		
经　销	新华书店		
发行部	(010)68371900		(010)88530478(传真)
	(010)68768541		(010)68767294(传真)
零售店	读者服务部		北京宇航文苑
	(010)68371105		(010)62529336
承　印	三河市君旺印装厂		
版　次	2014 年 1 月第 1 版		2014 年 1 月第 1 次印刷
规　格	787×960	开　本	1/16
印　张	14	字　数	172 千字
书　号	ISBN 978-7-5159-0501-3		
定　价	35.00 元		

序　言

《云端致胜》意在以通俗的语言，解读全球最大的电子商务公司，也是互联网发展历史上最成功的企业之一——亚马逊公司的发展历程和创新轨迹。

亚马逊网络书店创始于 1995 年，那还是很多个人电脑用户在使用与互联网无关的 DOS 和 Windows3.2 操作系统的年代。当时，即便是最高端的电脑用户，也只能用 Windows 95 和调制解调器（Modem）拨号连接到网速缓慢的互联网上，试着探询那个神秘的网络世界。即便是最新潮的游戏玩家，在电脑主机上加装一台两倍速的光驱所带来的兴奋和欣喜，也远远超过今天拥有 iPhone5 手机的感觉。

1995 年，有“中国硅谷”之称的中关村，大多数建筑还是高低错落的平房和低矮小楼。毗邻中关村的北京大学东门外，还能看到大片的麦田和散落其间的农舍。

时光荏苒，沧桑巨变，互联网已经迅速改变了世界。从网络书店起家的亚马逊公司一路走来，也成长为年销售额数百亿美元、市值超过千亿美元的电商帝国。

亚马逊公司 1997 年上市后，开始推进品类扩张和战略收购。同一年，苹果电脑公司重新迎回了创始人史蒂夫·乔布斯。从此开始，两家企业用不同的方式各自书写了一段令世人瞩目的商业传奇。苹果公司以最优秀的产品，用高价格、高利润的经营策略，诠释了“设计改变未来”的科技企业创新法则；亚马逊公司则以最丰富的商品，用低价格、低利润的经营策略，揭示了具有“长尾效应”的电子商务成功之道。

如果想观察近20年来最杰出的商业企业，只看苹果公司的案例似乎不够充分；如果想要了解近20年来电子商务的成长历程，忽略亚马逊的案例，基本就无从谈起。

相对于传统商务局限于销售空间和场地，以及以消费者直观的实物选择为主的方式，以亚马逊为代表的互联网电子商务突破传统，从更高的层面揭示了企业建设与市场营销的理念和规律。亚马逊通过以客户利益为中心的长期建设，充分发挥电子商务相比传统商务所具备的信息优势、规模优势和价格优势，以全方位的精细化管理，融合科技创新，提供不断改进和丰富的客户服务，构建不断优化和完善的客户体验，并结合强大的云计算能力、丰富的数字出版资源和智能移动终端应用，积极抢占电子商务未来发展的先机。

亚马逊公司的发展历程和创新轨迹，诠释了什么是突破传统和云端致胜。为了更好地解读这段传奇，本书在力求内容生动翔实，语言通俗平实的基础上，检索和查阅了大量与互联网和电子商务发展相关的独特资讯和新鲜见闻——从《世界是平的》的作者托马斯·弗里德曼1999年在《纽约时报》上嘲讽亚马逊电子商务模式的评论“Amazon.you”，到“金融海啸”中倒闭的投资银行雷曼兄弟2000年给华尔街投资人发出的“亚马逊即将倒闭”的分析报告；从Web2.0概念的倡导者蒂姆·奥莱利对亚马逊“一键下单”专利的指责，到亚马逊收购仓储机器人公司这一段时间，欧美媒体对于这家企业仓储员工的福利待遇和劳资纠纷的报道。

商业的成功在于以人为本，随需应变；知识的积累在于集思广益，从善如流。本书回顾了亚马逊网站的发展历程，讲述了亚马逊一键下单、书内阅读、书内搜索、开放客户评论、匿名移动支付、虚拟货币等电子商务创新举措，详细介绍了亚马逊在物流管理和客户服务领域的做法，总结了亚马逊成功的创新策略、经营理念和商业经营法则，值得国内电子商务企业、IT创新企业、传统商业企业、物流企业的经营管理者，以及从事电子商务、技术创新者、教育培训人员阅读。希望本书能对大家解读互联网和电子商务有所帮助。

目录
CONTENTS

第 1 章

从100万到610亿

一、互联网，大机会

2013 年初，全球互联网用户数已经超过 24 亿，覆盖了世界上大约 1/3 的人口，每天人均在线时间大约 4 小时。与此同时，建立在互联网基础上的电子商务和网络购物越来越普及。

我国网络购物交易规模从 2003 年开始快速增长，2006 年国内网络购物交易额只有 258 亿元，到 2012 年，国内网络购物交易额已突破 10000 亿元大关。艾瑞咨询数据显示，2012 年中国网络购物市场快速发展，网络购物市场交易规模达 13040 亿元，较上年增长 66.2%，在社会消费品总零售额的占比达到 6.2%。

欧美国家网络购物的交易规模占比更高。资料显示，2012 年美国网络购物在消费零售总额中占比为 15%，英国为 12%，德国和瑞士分别为 9% 和 8.7%。

同传统消费模式相比，电子商务天然具有渠道终端交易商品品种多，选择广，售价低等优势。随着无线网络扩张和移动消费的爆发式增长，可以预见，未来数年间，电子商务的发展空间仍然巨大。

在互联网时代，如何创办一个拥有超过 4000 万种商品，全年 365 天 24 小时不间断营业，全世界绝大多数互联网用户都可以随时浏览，并且拥有明显价格折扣和免费送货上门服务的超级商店？

在传统意义的市场中，这是不可能的！因为这样一家实体店铺，经营成本过于高昂，占用空间过于庞大。但早在 18 年以前，当大多数人对电子商务甚至对互联网都不熟悉的时候，已经有人在互联网上将这个构想变成了现实，他就是亚马逊公司（Amazon Inc.）的创始人和首席执行官杰夫·贝索斯（Jeff Bezos）。

杰夫·贝索斯 1995 年创办电子商务企业——亚马逊公司，从集资 100 万美元做起，通过开拓网络零售业务，最终建起了年营业收入超过 610 亿美元，经营品种超过 4000 万种，销售产品涉及图书、影视、音乐和游戏、数码下载、消费电子、家居园艺、玩具、婴幼儿用品等 30 多个类别，商品包罗万象的电子商务帝国。

1.贝索斯其人

1964 年 1 月 12 日，杰夫·贝索斯出生于美国新墨西哥州阿尔布奎克市的一个单亲家庭。

5 岁时，母亲带着他嫁给了米盖尔·贝索斯，一个 20 世纪 60 年代初期的古巴移民，当时在埃克森石油公司任工程师。随后贝索斯改姓了继父的姓氏。贝索斯虽然不是米盖尔的亲生儿子，但他们的感情却胜过亲生父子。

贝索斯的外祖父曾经是美国原子能委员会的一位管理人员。外祖父培养了他对科学的热爱，14 岁时，他就立志要当一名宇航员或物理学家。当时家里的车库成为贝索斯的实验场，车库里堆满了他的项目，如由真空吸尘器做成的水翼船。

在事业有成后的 2004 年，贝索斯如愿创办了一家名为“蓝色起源”（Blue Origin）的私人航天公司，继续自己少年时的梦想。

高中时，贝索斯展示了一些管理企业的才能。当时他发起并组建了一个“梦想研究所”，组织开办暑期活动，主要目的是开发学生的创新思维，他甚至还鼓动自己的弟弟、妹妹也来参加。

进入普林斯顿大学后，他的兴趣转向了计算机，此时正是计算机技术发生翻天覆地变化的时期。后来贝索斯自己回忆说：“我已经陷入计算机不能自拔，正期待着某些革命性的突破。”

1986 年，贝索斯获得普林斯顿大学电气工程与计算机科学双学士学位。毕业后，贝索斯进入一家主营光缆产品的制造企业，两年后跳槽到纽约一家信托公司，负责管理价值 2500 亿美元资产的电脑系统。25 岁时，他成为这家信托公司有史以来最年轻的副总裁。

贝索斯并不为自己的这点儿成就满足，他还要继续前进。1990 年，他看准了对冲基金的前途，于是投身到华尔街的热潮中，为一家金融投资和对冲基金公司负责计算机和软件管理，并成功地为公司建立起数量庞大、运作巧妙的对冲基金。1992 年，贝索斯成为该公司最年轻的高级副总裁。

杰夫 · 贝索斯

2.为什么不办一个网络书店？

1994 年，在一次上网冲浪时，贝索斯偶然进入一家网站，看到了这样一个数字——2300%！美国的互联网用户数正在以这个速度飞速增长。此时，总部位于西雅图的微软已经逐渐长大。看到这个数字后，贝索斯眼里放光，希望自己也能像比尔·盖茨一样，在 IT 行业取得成功，做网络浪潮的弄潮儿。

当时美国联邦最高法院禁止各州对没有实体店铺的互联网销售商征税，贝索斯意识到，在一个以互联网为中心的信息时代，互联网销售蕴藏着巨大的商业机会。

贝索斯用了大约两个月的时间，认真研究了网络销售行业的前景。

一天，在开车途中，无意间一个书店映入他的眼帘，一个点子也浮上了他的脑海：为什么不办一家网上书店，用崭新的方式销售图书和 CD 光盘呢？

分析图书市场的情况，贝索斯看到了传统出版业存在的一个巨大矛盾，即出版商的印刷量和零售商的销售量往往差距很大。图书上市之前，出版商要预先确定图书的印刷量，但这个数字无法准确预估。图书上架一段时间后，没有售出的图书，零售商就会退回出版商，因此出版商承担了较大的经营风险。

贝索斯认为，运用网络销售手段，可以省去图书流通过程中的一些中间环节，网络用户通过互联网在线下订单，网站再把订单信息发给出版商。出版商以销定产，节约了成本，读者也可以得到更多的价格折扣。这正是网络销售的价值所在。

在互联网兴起的年代，有贝索斯这样想法的人也许成千上万，但认真去实践的人却少而又少。

打定主意之后，贝索斯毅然辞掉了在华尔街看起来风光无限的职业经理人工作，从繁华的大都会纽约，搬到相对偏僻的西部城市西雅图去创业。

之所以选择西雅图，是因为这里是比尔·盖茨和他的微软公司所在地，当地拥有大量现成的计算机和信息技术人才。另外，这里十分接近大型图书销售商英格拉姆公司的俄勒冈仓库。

几经周折，贝索斯从 22 个投资人那里筹集了 100 万美元。利用其中的 30 万美元作为启动资金，贝索斯夫妇在西雅图郊区的贝勒乌租用了一套公寓，那是一套带车库的三居室，月租金 890 美元。贝索斯觉得车库很重要。就像硅谷的惠普公司（HP）两位著名创始人休莱特和百卡德一样，他把车库当作自己网站的运营中心。

在公寓的车库里，贝索斯创办了全美第一家网络零售公司——亚马逊公司 (Amazon Inc.)。

对于创业阶段的艰难，贝索斯参与美国公共电视台著名主持人查理·罗斯的一次访谈节目时回忆道：

> 从最初开始，我一直对亚马逊的发展前景持乐观态度。最困难的时候，应该是在最开始的时候，当时我参加了 60 场会议，筹措到 100 万美元创业资金，我需要这笔钱来成立公司。22 个投资人，每人平均提供了大约 5 万美元。对于亚马逊公司来说，那是最冒险的时刻，那也是什么都还没发生的时刻，筹集那笔钱实在是相当困难。

电子商务有多种不同的模式，其中最常见的是 B2B、B2C 和 C2C。

B2C（Business to Customer）是指企业通过网络销售产品或服务给个人消费者，其典型代表就是亚马逊。

B2B 是指企业与企业之间的电子商务（Business to Business）。在这种模式中，企业可以使用互联网寻找最佳的合作伙伴并完成交易行为，其典型代表是阿里巴巴。

C2C (Customer to Customer) 是指消费者与消费者之间的网络互动交易

行为。C2C 模式需要有信息技术企业为消费者提供在线交易平台，使卖方可以主动提供商品上网拍卖，买方可以自行选择商品进行竞价。其代表是电子港湾（eBay.com）和淘宝网。

3. 从卡达布拉到亚马逊

最初贝索斯将这家公司定名为“卡达布拉”（Cadabra.com）网络书店。但是有人向贝索斯提意见说，这个英文名有可能在口头传播中被误解为“尸体”（Cadaver），于是贝索斯将企业名字改为“亚马逊”。

亚马逊是世界上流域最大，支流最多的河流的名字，其字面含义是“规模庞大”。使用该名字，贝索斯暗喻互联网电子商务将为市场源源不断地提供最丰富的商品。此外，当时网站检索的默认方式是按照字母排序，选择以字母 A 开头的名称，能使亚马逊网站的排名更靠前。

amazon.com

亚马逊网站现在的LOGO

亚马逊网站的企业 LOGO，最初版本是字母 A 包含着河流状的曲线。目前的版本自 2000 年启用，设计遵循了简洁明快的设计原则，初看是网址和一个微笑的表情，同时也是一个从字母 A 指向字母 Z 的箭头，寓意亚马逊向从 A 到 Z 的所有地区和所有顾客销售所有商品，用愉悦的购物体验换来消费者满意的笑容。

在选择商品方面，贝索斯列出了 20 种适合互联网虚拟卖场销售的商品，包括图书、音乐制品、杂志、计算机和软件等。之后根据这些商品的特性、价格等要素逐项淘汰，最终精简为书籍和音乐制品。

选择图书作为网络销售的方向，贝索斯主要考虑了以下几个因素。

其一，美国作为出版业大国，读者对于图书的需求量巨大。当时美国在销的图书有 130 万种之多，音乐制品有 20~30 万种，年销售额约为 2600 亿美元，图书销售市场空间很大。

其二，该行业未形成垄断性企业，新兴的网络书店具有良好的市场空间和发展前景。即便是当时拥有 1000 余家分店的美国最大的连锁书店——巴诺书店（Barnes & Noble），其年销售额也仅占图书市场销售额的 12%。

其三，图书零售价格与进货价格差距较大，更有利于运用网络销售来减少中间环节，实现比实体店铺更多的价格折扣，让读者快速接受网络购书的购买方式。此外，相对于其他商品，图书更适合在当时还比较简单的网页上向公众展示。

在公司起步阶段，为了让亚马逊在与传统书店的竞争中站稳脚跟，贝索斯花了一年时间来建设网站和数据库。同时，他还对网络界面进行了人性化的改造，以便给客户更舒适的视觉效果，让顾客方便地选取自己需要的服务。

在建设数据库方面，贝索斯更是小心谨慎。仅仅是网站的试运行，他就邀请了 300 多位亲朋好友作为模拟顾客，进行了为期 3 个月的运行调试。

1995 年 7 月 16 日，当许多人还不了解互联网和网络购物这一概念时，贝索斯的亚马逊网站悄悄地开张运营，向迅速增长的互联网用户提供全新的购物平台和全新方式的购物体验。

不久后，亚马逊卖出了第一本书。

亚马逊公司售出的第一本书，是 1995 年出版的关于计算机理论的专业著作，书名为《流体的概念和创意类比：计算机模型基本机制的思路》，作者是密歇安大学的道格拉斯 ·R· 霍夫斯塔特尔。

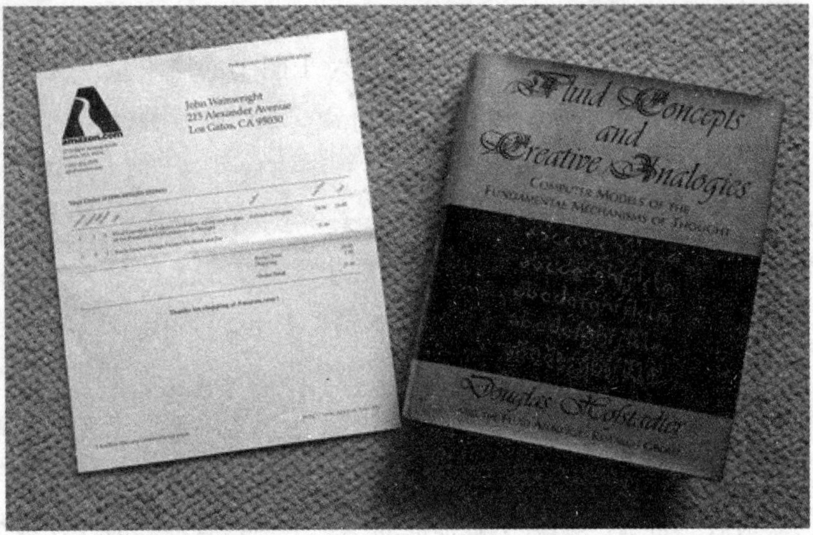

图书订单的左上角，就是1995年亚马逊公司初创阶段的LOGO——包含着河流状曲线的字母“A”。

4. 挑战巴诺书店

在网络上销售图书，从一开始，亚马逊就面临着许许多多的挑战。其中最强大的挑战，就是来自传统巨人巴诺书店的竞争。

巴诺书店是一家拥有上百年历史的超级实体书店，该书店由查尔斯·巴恩斯1873年在伊利诺伊州创办，市场份额占到全美图书销量的12%。巴诺书店于1993年在纽约证券交易所上市，拥有全美最大的大学连锁书店，服务范围涵盖全美近400所大学。鼎盛时期，巴诺书店在美国各地的连锁店与合作零售店共计2400多家。

巴诺书店的图书数量庞大，能提供大约25万种图书，分门别类码放得井井有条。同时，巴诺书店非常注重消费环境和人文体验，这使它的实体书店拥有许多竞争对手无法比拟的优势。

巴诺书店为只想浏览图书的读者提供阅览区，比如：在书店的一些角落里，布置了很有休闲味道的咖啡吧，读者可以在看书之余，购买美味的饮料和点心。专门设计的读者阅读台上，每个座位前都装配了一盏台灯，供读者阅读使用。到了周末傍晚，甚至还会有当地的歌手和乐队到书店，为读者提供免费表演。

充满温馨与文化气息的巴诺书店，拥有非常可观的读者群体。在很多人还不知道“电子商务”为何物的时候，仅凭一个销售图书的网络商店，要去撼动巴诺书店这样的传统图书销售巨头，在当时看来几乎是异想天开的事情。从另一个方面来看，这是一场传统商业模式与信息时代商业模式的竞争。

作为网络书店，亚马逊无法向读者提供巴诺书店那样温馨宜人的阅读氛围，也无法提供妙曼的背景音乐和免费的乐手表演，更提供不了香浓的咖啡和美味的甜点。但是电子商务打造的网络购物，也有传统商务无法比拟的优势，那就是信息优势、规模优势和价格优势。

在创业的初始阶段，贝索斯发挥了他在华尔街投资公司多年工作中对于信息系统管理的经验优势。在很多地方互联网网速像蜗牛般缓慢的时期，贝索斯力求设计出简洁和反应快速的页面，为读者找到图书提供最短的时间。

传统实体书店中，读者查找一本图书费时费力。在亚马逊网上购书，因为有强大的信息技术支持，读者在这里搜索一本图书，只要输入关键词，一般十几秒之内就可以找到想要的图书信息，大大节省了顾客查找图书的时间。网上查找图书方便快捷，这是网络销售图书具有的第一个优势——信息优势。

一般图书在实体书店货架上摆放的时间大约是几个月，如果销售状况不佳，存货就会被书店退回出版商。假如有读者想在实体书店里找到一本已经下架的图书，只能向书店的服务台查询，或者到古旧书店里去碰碰运气。

亚马逊网络书店则显示出了信息技术构成的“虚拟经济”规模优势。对于网上销售的图书，开业不久，亚马逊大约已拥有110万种可选书目，其中很多图书是不可能放在实体书店货架上的。即便是巴诺书店这样的图书零售巨头，有限的店面也存放不下这么多图书。贝索斯说：如果有机会把亚马逊提供的图书目录以纸质的方式印制出来的话，大概相当于7本纽约市电话簿的分量。

传统书店必须具备实体图书，而借助互联网虚拟卖场，亚马逊公司无需如此，就能够以相关信息的形式，向读者展示规模庞大又非常完备的图书信息，包括图书名称、封面、目录、作者、出版社、出版年份、摘要、页数、作品要点、试读章节，以及网站编辑撰写或推荐的书评和购书客户作出的评价等，这也是实体书店无法比拟的。

网络书店一方面能够提供浩如烟海的图书信息，另一方面，在创业的初始阶段，亚马逊公司实际库存和流转的图书，也就是200种左右的畅销书。其他图书基本没有库存，都是在收到读者的订单后，再向出版商要货。

极低的图书库存，不仅极大地节省了亚马逊开业初期的运营成本，也使企业库存周期保持在15天左右。而规模庞大的实体书店——巴诺书店，一年的库存更新也就是3~4次。巨大的反差，体现出了亚马逊仓储成本和物流周转的效率，这就是网络虚拟经济构成的商品销售规模优势。

亚马逊网络书店的另外一个优势就是价格。这家全年365天、全天24小时随时可以选购图书的网络书店，由于省去了实体书店众多的中间商、店铺租赁费和大量卖场销售人员工资等成本支出，加上可以从出版商那里拿到较低的价格，因此亚马逊能够为读者提供比实体书店标注售价低10%~30%的价格折扣。在开业初期，亚马逊便成为全美最便宜的书店，天天都在打折。

品类齐全，订购快捷，价格低廉，构成了亚马逊网络书店相比传统实体书店的基本特色。

价廉并不是亚马逊网络书店惟一的竞争优势，重要的是这里的便宜书又多又方便，所以顾客甚至不愿为了一点小小的差价去别处寻找，而是选择亚马逊。

贝索斯坚信，当许多读者习惯了从亚马逊购书，基本上就不会选择其他的购买途径。

二、第一个100万

贝索斯如何在创业初期用好 100 万美元的投资？

为了在创业初期推广自己的网站，贝索斯采取的一个有效策略，就是不断寻找互联网上的合作伙伴——联系人计划，发展其他网站作为亚马逊的合作伙伴和促销图书的中间商，使更多的网络用户通过合作网站的链接进入到亚马逊网站购物。凡有客户通过合作伙伴网站进入到亚马逊网站购书，亚马逊按照购物金额支付 15% 的中介费。

借助这个创意，亚马逊在创业初期发展了约 3 万个合作伙伴，体现出了互联网信息传播对于推动商业销售的巨大潜力。

得益于创业初期 10%~30% 的价格折扣策略，亚马逊的图书生意很快获得了互联网用户的认可。第一本图书售出后，订单随之越来越多。刚起步时，亚马逊每天接到五六份订单。当时一位程序员在电脑里设置了一个铃声程序，一旦公司接到订单，铃声就会响起，通知公司人员有新订单到来。后来随着订单数量激增，这个吵闹的铃声程序只好关闭了事。

网站运营 3 天后，贝索斯曾经接到雅虎（Yahoo.com）合伙人杨致远（Jerry Yang）发出的一份电子邮件，当时雅虎是一家以网址信息分类为特色的搜索引擎网站。杨致远在邮件中说：我觉得你的网站非常酷，你愿意我们收录你的网站信息么?

贝索斯后来回忆说，当时他的团队认为，雅虎收录亚马逊的网址信息，对于业务推广可能只有杯水车薪的微小作用，但他们还是决定试试看。让他感到意外的是，雅虎收录了亚马逊的网址信息后不久，亚马逊的订单数开始激增。

到了那一周的周末，亚马逊的订单累计超过 1.2 万美元，进货和发货开始跟不上订单的速度。当时亚马逊每天只能发出 846 美元的图书。接下来的一周，订单累计超过 1.5 万美元，贝索斯的团队只发出了 7000 美元的货物。

贝索斯意识到，运营环节出现脱节，表明亚马逊网站尚未完全建设好，无法对市场需求和竞争做出有效的反应，公司需要不断地修补网站运营存在的问题和错误。

贝索斯说:“有时我们团队发现顾客订单的图书册数是负数，我们不得不重新核对顾客信用卡付款的数额，以此来确定顾客的定购册数，然后再给他们发货。”

在开业最初的几个星期，亚马逊公司的每位员工都要去码放书籍，填写快递单和发货，一直忙到凌晨两三点钟。贝索斯忘了定购一些桌子堆放书籍，以至于一些员工为了从车库的水泥地面取书，不得不跪着工作。

正当贝索斯考虑是否应该为他的员工购买一些护膝时，一位名叫尼古拉斯·洛夫乔伊的员工建议购买一些桌子。贝索斯说:“那是我平生听到的最有才华的建议。”

当亚马逊网站的运营初具规模后，贝索斯决定把公司搬迁到附近的一个工业区。在那里，他拥有了 1100 平方英尺的办公空间，400 平方英尺的地下室则作为图书储存和物流发放的库房。这个库房虽然面积不大，但是足以应付几百种图书的存放和周转。

尽管创业初期有过不少诸如设置铃声程序提示订单、没有配备桌子等不太专业的笑话，亚马逊的营销业绩却伴随着互联网用户的迅猛增长而突飞猛进。

到 1995 年 10 月，亚马逊的销量达到了每天 100 本图书。一年后，这个数字变成了每小时售出 100 本。

在此期间，亚马逊并没有为宣传自己的网站刻意做过广告。惟一的例外是，贝索斯租赁了巴诺书店的移动公告牌，发布了一则推广语："如果找不到你想要的图书，请到亚马逊网站看看。"

1. 超乎想象的成长

亚马逊业绩的增长之速，超出包括贝索斯本人在内的所有人的想象。

1995 年 10 月，亚马逊的订单数达到了每天 100 份。

营业不到 1 年的时间，亚马逊的订单数量达到每小时 100 份。

1997 年 10 月，第 100 万个顾客在亚马逊下了订单。

1998 年，亚马逊收购了互联网电影资料库网站 IMDb。随后，亚马逊的音乐、影视产品频道相继开通，并在英国和德国开设了分公司。

1998 年 12 月圣诞假期，有超过 100 万新顾客在亚马逊网站购物。

1999 年 1 月，为了满足业务快速增长的需要，亚马逊公司与网络快运公司 Kozmo.com 达成一项价值 6000 万美元的合作协议，该协议使用户订购的商品订单确认后，1 小时内就能收到货物。

1999 年 6 月，亚马逊的顾客数量达到惊人的 1000 万人，这相当于希腊全国的人口数量。

贝索斯对于亚马逊网络购物的远见和建设性工作，掀起了全球网上购物热潮。此时，亚马逊网站的销售业务已经扩展到在线拍卖、电子贺卡、玩具、软件、游戏、礼品、汽车用品、家居用品等业务。

1997年5月15日，亚马逊在美国纳斯达克股市首次公开募股，股票代码是AMZN，首次发行300万股，股价为18美元。两年后，作为网络书店的代名词，亚马逊的市值已经远远超过了传统图书销售巨头——巴诺书店。

亚马逊上市之初，贝索斯曾经告诫最初购买亚马逊股票的投资者说，他们有70%的可能会损失全部投资，但这个警告仍然阻止不了那些看好亚马逊发展前景的投资人追捧这家企业的股票。

当初，贝索斯的父母拿出差不多全部积蓄的30万美元购买亚马逊的股票。贝索斯的母亲说："我们不是赌互联网的未来，而是我们相信自己的儿子。"数年后，作为拥有亚马逊原始股份的投资人，两位老人早已成了身家数十亿美元的超级富豪。

截至2013年4月，亚马逊的股票经过数次扩股后，平均股价已超过250美元，总股本扩大为4.55亿股，市值超过1100亿美元。

1998年底，由汤姆·汉克斯与梅格·瑞安主演的喜剧影片《电子情书》(*You've Got Mail*)风靡全球。该片故事背景是分处计算机两端的陌生男女，用笔名通过互联网传递电子邮件，相互倾诉自己的生活见闻和感受，直到双方产生爱慕之情。

影片中的冲突是：男主角拥有的财力雄厚的福克斯连锁书店，吞并了女主角母亲苦心经营并传承下来的街角书店。在这部影片中，福克斯连锁书店似乎就是传统图书市场中巴诺书店的翻版。

当许多观众沉浸在这部以互联网为题材的情感喜剧电影，回味传统书店温馨宜人的文化氛围时，由于亚马逊电子商务的快速扩张，以实体店铺为基础的传统图书市场，正遭受到前所未有的冲击。

2.成为全球榜样

1999 年 12 月，杰夫·贝索斯被美国《时代》周刊评为年度人物，封面用语是：电子商务改变全球商店的模式。

这期杂志用大量篇幅，向读者详细介绍了贝索斯和他的电子商务理念。其中的撰文评论这样评价说：

> 每当我们的经济出现翻天覆地的巨变时，总会有些人比我们更早感受到震动，这些震动的强烈程度，足以激发他们付诸行动。贝索斯就是一个把握了互联网时代脉搏的人。他在 5 年前离开华尔街，在信息产业中心西雅图，创立了亚马逊网络书店，以前所未有的网络零售方式，经营书籍、音乐和录像带生意，成为第一家也是至今最大规模的网上商店。亚马逊成立之初专营图书销售，上网书籍总数达 372 万种，顾客来自 100 多个国家。在此基础上，贝索斯不断拓展业务，1999 年，在短短半年时间，他收购了网上药商、杂货商、宠物商、汽车零件商等多家互联网企业，又推出网上拍卖服务，开办售卖玩具及电子产品的网上商店、网上商场和网上产品搜寻器。贝索斯所代表的，就是尝试建立一家基于增长而非利润的大公司。这听来好像不符合逻辑，但亚马逊的确改变了 1999 年的世界经济，不论这是好事还是坏事。

《时代》周刊主编沃尔特·伊萨克森认为：

> 亚马逊没有利润，甚至整个公司就是个大泡沫，但这已经成为网络致富故事的一部分。亚马逊首席执行官贝索斯是那些数以万计的公司名称后面“带点的”、没有赚钱却有很高市值的网络公司的象征。贝索斯是这样一个角色，他不仅改变了我们现有的行事方法，而且帮助我们铺就了通向未来的道路。

杰夫·贝索斯被美国《时代》周刊评为1999年年度人物

3. 扭亏为盈

《时代》周刊评论说，亚马逊改变了世界经济，“不论这是好事还是坏事”，这句话实有所指。

一方面，亚马逊公司营业收入迅猛增长，开业前5年的营业收入总额就达到28亿美元，远高于同样从事电子商务的易趣，易趣的同期营业收入只有4亿美元。即使大名鼎鼎的谷歌（Google）公司，开业后5年的营业收入也只有 15 亿美元。毫无疑问，亚马逊是互联网发展历史上营业收入增长率最高的企业。

另一方面，同当时其他绝大多数互联网企业一样，亚马逊也遭遇了支出远大于收入，业务巨额亏损的危机。在互联网泡沫破灭的 2000 年，亚马逊公司年度财务净亏损高达 14.11 亿美元。在这家公司前 6 年的经营中，负债累计高达 33 亿美元。在当时看来，如何从电子商务中盈利，仍然是困扰整个互联网行业的核心问题。

贝索斯在接受美联社一次采访中表示，有信心让亚马逊和其子公司最终盈利。贝索斯说：

> 人们满怀憧憬地相信互联网和电子商务的未来，因此他们或多或少带着这种信念来投资。我们确信，一味专注短期利润，肯定是一个大错误。在关注短期利润的同时，我们也必须关注长期获利的问题。

2000 年 3 月，互联网泡沫破灭后，亚马逊的生存一度举步维艰。在困难的日子里，贝索斯积极应对。首先是在 2001 年初，亚马逊宣布裁员 15%（约 1300 人），以削减运营成本。另一方面，贝索斯不断创新促销策略，努力扩大销售。

从 2001 年底至 2002 年中期，亚马逊先后将免费送货服务的最低消费额降低到 99 美元、49 美元和 25 美元。免费物流配送门槛不断降低，消除了不断增长的互联网用户对于网络购物的疑虑，越来越多的网络用户开始对亚马逊感兴趣。

贝索斯以低消费额度为标准，以提供免费物流服务作为促销手段的竞争策略，使亚马逊公司的网络零售业务迅速扩大，增强了消费者对网络购物的服务满意度，随之而来的是营业额的快速增加和经营利润的稳健增长。

同时，贝索斯还着手提升亚马逊的内部管理，对物流体系和供应链进行改进与整合，采取部分订单外包、邮政注入、组合包装等多种策略，降低物流采购、仓储与配送成本。显著提高的物流管理和配送效率，大幅节省了亚马逊的物流成本。

到2001年第四季度，亚马逊首次实现了盈利：当季财报显示，亚马逊营业收入11.2亿美元，净利润510万美元；2002年第四季度，亚马逊取得300万美元净利润，成为第二个盈利季度；2003年，亚马逊实现年营业额52.6亿美元，净利润3530万美元，全年实现盈利。此后，亚马逊形成了稳定的盈利局面。

2004年8月19日，亚马逊公司宣布以7500万美元收购中国电子商务企业卓越网（Joyo.com）。2007年6月5日，卓越网更名为卓越亚马逊（Amazon.cn），意在借助亚马逊的网上零售专长与卓越网的中国市场经验，进一步发展中国的网络购物；2011年10月27日，卓越亚马逊改名为亚马逊中国，同时启用了为中国消费者量身定制的最短域名z.cn，帮助消费者更为便捷地识别和访问。

自从2003年实现年度盈利之后，到2012年，亚马逊公司实现年度营业收入610亿美元，毛利润151亿美元，占到营业收入的24.8%。

尽管因为投入到消费电子产品研发和扩张物流运营中心的投资过大，导致亚马逊在2012年出现了近年来的首次亏损（亏损约3900万美元），这家互联网企业仍然受到投资者的青睐和追捧，股价不断攀升。

从1995年至今，亚马逊依托互联网创业，从网络书店起步，不断发展壮大，实现了企业市值超过千亿美元的巨大跨越。

三、从网络书店到超级卖场

亚马逊于1997年在美国纳斯达克上市后，依然面临着连续长达数年的亏损，直到2003年才开始实现年度盈利。尽管如此，贝索斯依然开展了一系列收购，业务范围不断扩大，扩张规模和扩张速度远远高于传统商业企业。

贝索斯着眼长远的发展策略，意在打造从“地球上最大的书店”到“地球上最大的超级卖场”。贝索斯的企业愿景，是让亚马逊成为世界最大的以顾客为中心的互联网销售企业，人们可以从亚马逊发现和找到他们希望在线购买的任何商品。

1.快速扩张的步伐

在亚马逊的发展过程中，战略收购是快速发展的一个重要手段。亚马逊通过收购一些专业性的网站，不断扩大经营范围，从最初两年专注于图书的网络销售，到后来扩张到音像、游戏、软件、消费电子、礼品、玩具、服装、美容化妆、家用电器等30多个门类，总计超过4000万种商品。

亚马逊的快速扩张主要通过两种方式，一是品类扩张，即增加零售商品的种类和顾客的重复购买率；二是战略扩张，即通过收购相关的网站，实现客户资源、经营领域与专业服务的优势合并。同时，收购行为本身可以扩大企业的客户群体和覆盖范围，减少相关领域直接的市场竞争对手。

1998年，亚马逊收购了互联网电影资料库网站IMDb，开通音乐和影像产品的销售，从此开启了战略收购和品类扩张的版图。之后逐步扩展到玩具、软件、游戏等小商品和信息产品，以及服装、运动产品、钟表、珠宝首饰等多种不同档次的消费领域。2000年，亚马逊开始向第三方企业和商户开放销售平台，通过互联网为客户提供有偿服务。

2001年，由于互联网经济泡沫破灭，亚马逊的战略收购业务有较大萎缩。自2008年以后，随着互联网用户的普及和电子商务市场的增长，亚马逊的战略收购又开始变得活跃起来。

英国一家社交网站 Meettheboss，根据亚马逊从 1998 年到 2009 年长达 11 年的收购记录，绘制了亚马逊 11 年来的收购历程图，揭示了亚马逊一向奉行的商业法则：如果无法击败竞争对手，那么就买下它。

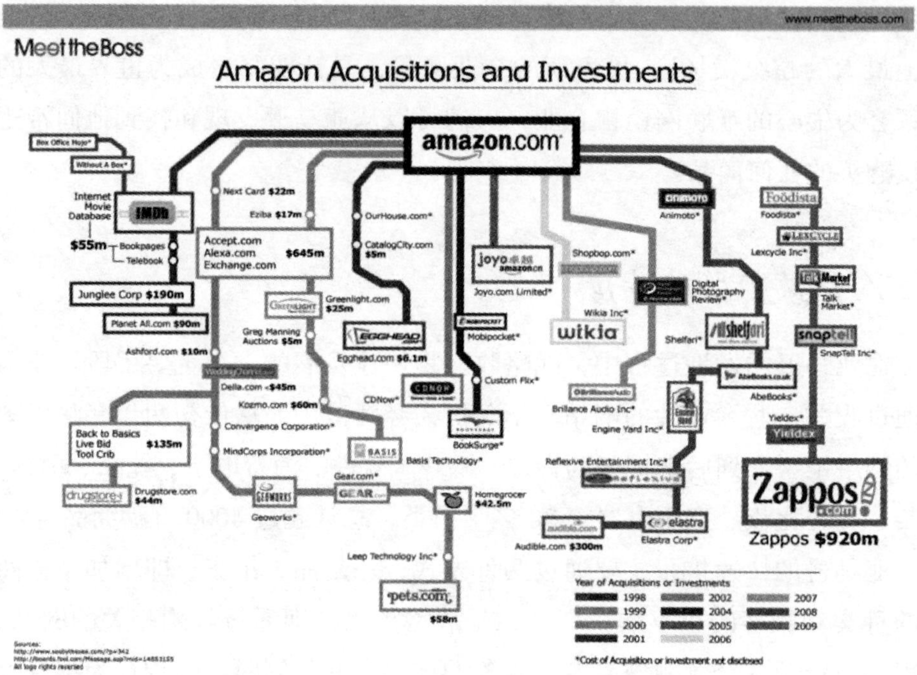

1998 年，亚马逊收购了互联网电影资料库网站 IMDb 和电影票房统计网站 Box Office Mojo。

1999 年，正值互联网投资迅猛增长的时期，亚马逊当年共收购或投资了 14 家公司。

2003 年，亚马逊收购了音像市场网络销售的直接竞争对手，美国的网络音乐零售商 CD Now。

2004 年 8 月 19 日，亚马逊公司宣布收购注册于英属维尔京群岛的卓越有限公司及关联公司运营网站（joyo.com 和 joyo.com.cn）。卓越网成立于 2000 年 5 月，当时是中国最大的网上图书音像零售商，提供各类图书、音像、软件、玩具和礼品等商品。这次并购使亚马逊的电子商务全面推向中国市场。这次交易价值约为 7500 万美元，涉及约 7200 万美元现金以及员工期权。2007 年 6 月 5 日，卓越网改名为卓越亚马逊（Amazon.cn），2011 年 10 月 27 日，“卓越亚马逊”改名为“亚马逊中国”，同时启用了为中国消费者量身定做的世界最短域名 z.cn。截至 2013 年 5 月，亚马逊中国已经拥有 15 个运营中心，位于北京、上海（昆山）、广州、天津、成都等城市，总面积超过 70 万平方米，是除美国本土以外最大的亚马逊运营网络。

2006 年，亚马逊收购专营女性服装和饰品的网络零售商 Shopbop。

2007 年，亚马逊收购了美国网络服装店 Fabric.com。

2008 年，亚马逊收购了网络有声图书提供商 Audible.com 和旧书销售商 AbeBooks，以及美国图书爱好者社交网站 Shelfairi。

2009 年，亚马逊收购和投资了包括网络鞋店 Zappos.com 在内的 7 家公司。

2010 年，亚马逊收购了团购网站 Woot，欧洲在线购物服务网站 BuyVIP.com，以及家庭用品公司 Quidsi 和旗下的 Diapers.com 及 Soap.com，扩张其网络零售帝国。

2011 年 7 月，亚马逊收购了网上书店 The Book Depository，以及欧洲电影定购服务网站 Lovefilm 等企业。

2012 年，亚马逊收购了仓储机器人公司 Kiva Systems，用于推进物流的自动化业务水平，还收购了 3D 地图初创公司 UpNext，为其“Kindle Fire”平板电脑产品和未来的智能手机产品提供自有的地图服务。

自 1998 年收购 IMDb.com 开始，到 2004 年收购中国的卓越网，再到

2009年以8.74亿美元的天价收购Zappos.com，亚马逊在商业收购方面表现得非常活跃，试图在电子商务领域做到“全盘通吃”。其经营范围也从最初的网络书店，发展到现在涉及音乐下载、DVD电影、服务、电子设备和家具等诸多行业。亚马逊的未来目标，是尽可能把现实中可以买卖的交易，都搬到互联网上面。

对于亚马逊的每一轮业务扩张，贝索斯都强调企业的六个核心价值。

（1）以客户为中心：客户第一，工作第二。

（2）创新：不听客户的声音意味着失败，但是只听客户也不可能成功。

（3）行动：我们生活在一个对革新无法预知、机遇千载难逢的时代——它提供给我们的每分钟都弥足珍贵。

（4）主人翁意识：主人翁精神代表着你参与建设一个伟大的公司。在承担项目或提出意见时，要立足长远思考，充满激情。在面对每一个具有挑战性的决定时，都充满力量。

（5）高标准雇佣：在做一个雇佣决定时，我们要扪心自问：“我喜欢这个人么？我可以从这个人身上学到什么？这个人会成为一个明星么？”

（6）节俭：我们只在那些真正值得的事情上花钱，坚信节省会带来充裕资源、自我富足和发明创造。

2. 持续创新，持续成长

从网络书店到包罗万象的超级卖场，所谓的多元化经营，在传统意义上就是两个目的：一是扩大经营业务的领域和范围，增加企业盈利；二是利用多元化经营分散风险。

多元化经营，其中最重要的是有效控制各项运营成本，否则运营成本的增加，会成为企业发展的巨大负担，直接导致企业运营效率损失和盈利能力下降，甚至压垮一家公司。

亚马逊公司上市后进行的扩张，虽然无需实体商业支付租赁卖场的成本，也需要通过提高运营效率和降低物流成本，使公司保持比较稳定的毛利率。

除了扩展零售业务之外，亚马逊的销售服务和技术服务也取得了显著效益，包括收取第三方商户的销售佣金，为第三方商户提供的物流仓储费用和配送运费，数字版权图书出版收益，音乐和影视作品流媒体格式、应用程序等非实物商品在线定购、云计算服务等非零售的服务收入。

除了自营产品，亚马逊还为诸多传统商户如天美时、马莎百货、鳄鱼恤、贝玲妃等品牌开设网上零售店，为其开展网络销售提供网络平台。

上述服务不仅增加了亚马逊的业务收入，同时，由第三方供货、委托亚马逊物流仓储和配送的模式，明显节省了亚马逊承担的商品仓储成本。2012 年，包括第三方销售服务佣金在内的亚马逊销售服务和技术服务收入，占到销售总收入的 15%。可以预见的是，这个趋势还会继续下去，亚马逊的服务业务收益还将持续增加。

从网络书店到超级卖场的业务扩张过程中，亚马逊也有个别不成功的扩张案例。按照贝索斯的经营理念，即便是不成功的尝试，也是非常重要的。不成功的尝试，可以为相关业务的合理化调整提供参考，避免在以后的经营中再犯类似的错误。

比如，1999 年 3 月，亚马逊跟风主要竞争对手电子港湾，发布了针对用户的在线拍卖服务（Amazon Auctions）。由于用户群存在差异，个人商品拍卖的卖方资质良莠不齐，这项业务运作并不成功，与电子港湾的同类业务相比相形见绌。半年后，亚马逊推出以固定价格出售商品的 zShop，随后将在线拍卖与 zShop 整合为“亚马逊集市”（Amazon Marketplace），为用户提供出售二手商品在线交易平台。

亚马逊 2004 年推出的“A9 搜索”运作得也不成功，市场反响平平。

2012年9月27日，亚马逊关闭了旗下一家女性时尚用品零售网站Endless.com。这个网站是亚马逊2006年建立的面向女性消费者，以提供女性鞋类、手包、珠宝、手表等时尚用品为主的网站，因业务运作不佳，最终不得不关闭，其销售内容被整合到亚马逊主站的时装频道。

在亚马逊的发展过程中，有众多具体的商业行为和交易，有成功也有挫折，但是万变不离其宗，大多采用了如下一些发展战略。

首先，以折扣和低价产品（图书）打开市场，体现网络购物的规模效应。

其次，通过品类扩张和战略收购其他互联网企业，扩张企业的规模和业务领域，在此基础上整合物流运营，提升相应的技术设备运营水平和管理服务水平。

再次，提升互联网企业的影响力和技术服务能力，寻找新的利润增长点和营业方向。比如为第三方企业和个体商户提供销售平台、云计算服务、网络广告、Kindle电子书阅读器和相关的数字版权产品出版业务等。

亚马逊一方面通过资源整合与技术设备的升级提高运营效率，另一方面，随着销售增长与客户流量的不断增加，招揽更多的企业和个体商家加入或使用其开放的销售平台、云计算服务平台和网络广告平台，提升第三方销售平台等技术服务的营业收入和利润比重。

通过这种方式，亚马逊依靠企业的品牌效应和经营效率，不断提高技术服务的收入，并将这些收益继续用于支持其网络零售商品的低价策略。低价的网络购物又继续促进亚马逊的品牌提升和顾客群体的扩容，形成网络零售与网络服务的相互促进和良性循环。

作为一家互联网企业，技术创新与经营管理必须兼顾。信息产业本身是一个技术发展日新月异的领域，从著名的CPU运算速度每18个月翻一番的“摩尔定律”，到不断升级换代的软件和硬件，信息产业的升级换代和竞争淘汰从来都是无情的。对于亚马逊的发展而言，无论是营销领域的拓展，运营成本的节约，还是客户服务的改善，都离不开技术的提升与创新。

为了实现更好的客户体验，亚马逊推出了便于顾客下单定购的“一键下单”服务（1-Click Ordering），便于顾客保留关注商品和有兴趣购买商品信息的“关注单”（Listmania List）和“心愿单”(Wish List)，读者可以试读图书内容的“书内阅读”(Look Inside)，以及查找图书内容的“书内搜索”（Search Inside the Book）等技术创新，帮助顾客更好地作出购买决定。

从2000年起，亚马逊开放自己的电子商务平台给第三方销售商，在收取服务佣金但不收取入门费的前提下，运用其网络平台的知名度和电子商务渠道，鼓励其他商户在亚马逊的网络平台开店经营。

2006年推出的基于云计算的亚马逊网络服务（AWS），以提供充值使用的方式，为外部网络用户存储数据和运算服务提供方便。

2007年，亚马逊推出了“Kindle”（金读）电子书阅读器，开始发展自有品牌的消费电子产品。

Kindle电子书阅读器采用近似印刷文本色调的“电子墨水”（E-Ink）技术，仿照书页显示，字体大小可以随阅读距离的远近而调整，在没有背光和不反光的状态下，为读者提供高清晰的阅读界面，缓解读者使用电脑和观看电视时的视觉压力。同时，这款阅读器还具有无线上网功能，读者可以通过互联网随时下载想要阅读的图书，许多经典著作可以免费下载阅读。

Kindle电子书阅读器一经推出，很快占到了当时市场同类产品销量的95%。

2010年，亚马逊与威立代理机构（Wylie Agency）签约，得到了众多书籍的数字出版权，避开了与图书原出版机构和作者签约的繁琐程序。以此为开端，亚马逊开始尝试以比实体印刷低廉很多的价格出售电子图书。

2011年，苹果公司iPad平板电脑热销，打乱了电子书阅读器产品市场的销售格局。面对这种形势，贝索斯迅速作出反应，降低Kindle产品的价格，添加新的实用功能。

2011年9月，亚马逊推出了Kindle Fire（金读之光），这是一款直接与 iPad 竞争的触屏平板电脑，配备了能量更强劲的电池，价格却明显低于 iPad。

一年以后的 2012 年 9 月，亚马逊又推出了电子书阅读器的换代产品——Kindle Paperwhite（金读纸），这款产品在电子书阅读器的灰度屏幕上增加了光导纤维传输的照明功能，可以灵活调整屏幕亮度，以无线方式连接互联网。

2013 年 6 月，这款产品与 Kindle Fire 平板电脑的 Wifi 版在亚马逊中国网站发售，Kindle Paperwhite 在中国市场售价 849 元人民币，Kindle Fire 售价为 1499 元人民币。

Kindle Fire 在中国市场推出后，苹果公司最新一款平板电脑 iPad Mini 在中国市场的售价，比最高时的近 3000 元下调了大约 1/3。由此可见，亚马逊把最初销售图书时低价竞争的策略，直接引入了与苹果公司高端消费电子产品的市场竞争中。贝索斯相信，既然亚马逊改变了人们传统的购书方式，也许可以在未来改变人们读书的方式。

亚马逊从最初试图与巴诺书店这样的传统图书销售巨头展开竞争，到如今在高端消费电子产品市场直接与苹果公司展开竞争，这家电子商务企业的发展，只能用“超乎想象”来形容。

四、不走寻常路

广义上说，任何企业都应该以盈利为目的。很多企业都很注重短期效益，或者叫阶段效益。亚马逊的发展路径与此截然不同。

在创业初期，贝索斯就坚定地认为，经营亚马逊网络书店要有长远的眼光，亚马逊在图书市场份额的增长目标，要优先于利润增长目标。

在亚马逊公司 18 年的发展历程中，坚持以客户利益为中心，不急功近利，不追逐眼前利益，关注长期价值，是贝索斯始终坚持的经营理念，也是亚马逊公司在电子商务领域取得令人瞩目成就的最可靠基础。

私营企业的管理方式主要分为职业经理人管理和企业创始人管理（家族管理）两种模式。聘任职业经理人管理企业，经理人要对董事会负责，必然会追求短期的、阶段性的营销业绩，争取企业经济效益最大化，以业绩赢得董事会的信任，并以此为自己争取更多的利益。

家族管理模式的企业，则更倾向于进行企业的长期建设，不必急于追求阶段性的经济效益。如果这类企业在经营上不急功近利，那么就有可能塑造以完善和丰富客户利益为核心的企业价值观，通过耐心的长期工作，实现将企业不断做大做强的发展目标。

有股神之称的投资大师沃伦·巴菲特，在评价追求短期效益的企业时说，很多时候，这些企业往往出于投资市场对季度业绩的过度坚持，导致大多数企业管理团队做出有利于短期收益（股票和期权价值）而损害企业长期价值的决策。

1.纳斯达克过山车

1997 年 5 月 15 日，亚马逊在纳斯达克股市首次公开募股时，不少投资人对这家网站的前景并不看好。有的股评家认为，亚马逊公司的模式就是一个笑话：一个没有任何准入门槛的网上书店，又没有看得见的盈利目标，这样的企业估计用不了多长时间就会倒闭。

在 2000 年之前，对互联网企业的投资潮正处于狂热之中，贝索斯此时提出关注企业长期利益和长期价值的观点，显得非常不合时宜。当时几乎所有的互联网企业，都在鼓吹和憧憬如何能赚到大钱，使投资者的财富实现快速增长。

正是这种看起来不合时宜的长期战略，使作为互联网企业的亚马逊公司取得了成功。几度沧桑，当时那些炙手可热的互联网企业，如美国在线（AOL）、雅虎（Yahoo）、立科（Lycos）、电子港湾（eBay）、网景（Netscape）等，有的已经倒闭或者被兼并，有的勉强维持或者惨淡经营。而亚马逊公司则成为早期互联网巨头中发展得非常好的典型代表。

股市是经济的晴雨表，作为互联网经济的标志性投资场所，纳斯达克股指 1995 年 7 月 17 日达到 1000 点，1998 年 7 月 16 日达到 2000 点，此后更是一路狂飚。

1999 年，美国股市虚火升高，无论是代表传统产业的道琼斯平均工业指数，还是代表新经济的纳斯达克指数，均向上狂奔。至 2000 年 3 月 10 日，纳斯达克指数创造了 5048.62 点的最高记录。

在其辐射作用的带动下，香港恒升指数从 1997 年 8 月亚洲金融危机时最低 6600 点，飙升到 17000 多点。当时的一个典故是，某位祖母年纪的投资者，一边询问一位二十多岁的经纪人“Internet”到底是什么东西，一边在某家网络公司的首次公开募股单上填写 6 位数的认购金额。

股市撑起的新经济神话，最终在 2000 年破灭。到 2002 年 10 月 10 日，纳斯达克指数创调整新低 1108 点，大量的互联网企业股票被当作废纸一样抛售。在纳斯达克上市的企业，有 500 多家破产，包括亚马逊在内的 80% 的企业，股价跌幅超过八成，蒸发的账面财富超过 3 万亿美元。亚马逊重金投资的两家互联网公司 living.com 和 pets.com，都在这一年倒闭。

最典型的一桩案例，是美国在线与时代华纳合并。2001 年 1 月 19 日，美国联邦通讯委员会批准了这桩价值达 3500 亿美元的企业合并。两年之后的 2003 年 1 月 30 日，这家企业由于美国在线经营业绩下滑，出现了一个季度报出亏损 455 亿美元、全年亏损超 1000 亿美元的惨淡业绩，创造了公司亏损的世界纪录。

对于互联网经济过热时的股市表现，1996 年 12 月，时任美国联邦储备委员会主席的艾伦·格林斯潘发出警告说，股市上涨可能反映出“非理性繁荣”。不过，美联储并没有对这种风险进行有效的政策性干预。

当 2000 年互联网泡沫破灭时，面对暴跌的纳斯达克股市，美联储束手无策。后来为了稳定资本市场，美联储从 2001 年 1 月 3 日起，先后 12 次调低联邦基金利率。到 2003 年 6 月 25 日，联邦基金利率从最初的 6.75% 已经下降到 1%，为 1959 年以来的最低点。

一方面，低利率政策对美国经济乃至全球经济产生了一定的积极作用，包括刺激了美国国内消费，带动美国市场对于进口廉价商品的需求。另一方面，过度消费也带来了社会储蓄率降低、巨额贸易逆差和房地产泡沫膨胀。作为对策，美联储从 2004 年 6 月 30 日起小幅提高利率，经过 14 次升息，到 2006 年 1 月 31 日格林斯潘离任时，利率调高到 4.5%。

美联储在互联网泡沫破灭这一阶段的低利率政策，在一定程度上保护了资本市场，让很多投机资本不至于完全撤出股市，回流到银行。另一方面，则使得投机资本流向以房地产为代表的传统经济领域，造成了巨大的房地产泡沫，刺激了房价持续上涨。房价的增长水平远远超过了国民实际收入的增长，于是形成了房价虚高的另一个泡沫市场，这为 2008 年爆发的“次贷危机”埋下了伏笔。

2.客户决定一切

巧合的是，正是在 2003 年，当美国在线爆出年度高达千亿美元的巨额亏损时，亚马逊开始了稳定的盈利。

2008 年次贷危机发生后，由于互联网的普及和电子商务对于消费者拥有的巨大信息优势、规模优势和价格优势，使网络购物在全球范围内迅猛增长，亚马逊则迎来了上市之后的第二轮收购热潮。

在这次收购热潮中，亚马逊着力打造自有品牌产品，包括 2009 年以

8.74 亿美元收购销售鞋类和服装的 Zappos.com，以及用远低于苹果公司平板电脑产品的价格策略，大力推动 Kindle 电子书阅读器和平板电脑产品的制造和销售。

关注长期利益，通过完善和丰富客户利益来塑造企业的核心价值，使亚马逊公司在互联网产业的兴衰起落和电子商务的激烈竞争中，持续创造出企业的独特价值，或者说是对其他竞争者构成了比较优势。

当亚马逊公司在 1995 年开业时，传统产业的图书销售巨头企业巴诺书店，销售大约 25 万种图书。亚马逊开业后，用了不长的时间，就把销售图书的种类扩大到 110 万种。另外，亚马逊网络书店的库存周期远低于传统书店，现金流周转更自如，因此取得了网络书店相对传统书店的比较优势。

到 1998 年，上市成功后的亚马逊开始进军音像产品销售领域，当时走在前面的两家网站是 CDNow 和 Music Boulevard。与这两家网站相比，亚马逊在用户界面、价格、订购流程、配送效率方面体现出了比较优势，最终赢得了这块市场的竞争。

此外，亚马逊还率先推出“一键下单”，极大地改善了客户体验，最大限度为网络购物客户定购商品节省了时间；亚马逊率先推出的读者可以试读部分图书内容的“书内阅读”，以及查找图书内容的“书内搜索”等功能，允许用户在线试读图书的部分电子版内容后，再决定是否下单购买，这也为亚马逊赢得客户提供了条件。

此后，亚马逊进入信息产品制造领域，研发生产自有的消费电子产品。亚马逊推出的 Kindle 电子书阅读器和平板电脑系列产品，以价格相比 iPad 低很多的策略，以及不断完善的数字出版物配套服务，与苹果公司的平板电脑产品开展市场竞争。

虽然这一轮竞争的结果还难以预测，但是这个事实证明，贝索斯的企业建设和长期战略一直没有停步。即使亚马逊早已成为全球最大的网络书店，即使亚马逊已经完成了从最大的网络书店到最大的电子商务企业的转型，这种基于企业长期建设的转型和进化，在亚马逊从来没有停止过。

过去的 17 年，亚马逊公司通过以客户利益为中心的长期建设，以持续的精细化管理和科技创新，以及由产品策略、价格策略、促销策略与售后服务等要素构建的不断丰富和完善的客户体验，将电子商务的信息优势、规模优势和价格优势最大化地发掘出来。

可以说，互联网改变了全球产业的竞争格局，而贝索斯领导的亚马逊，则彻底改变了传统零售业的模式。

3.贝索斯的电商圣经

按照西方惯例，公开上市企业的首席执行官，要在每一年度财务报告公布后，给股东写一封公开信，总结过去，展望未来，阐述企业的运营状况和发展愿景。“股神”巴菲特每年写给股东的信，被很多投资者誉为“投资圣经”。近年来，由于亚马逊公司在电子商务领域取得了引人注目的成就，贝索斯每年写给股东的信，也被不少电子商务业内人士追捧为“电商圣经”。

1998 年，贝索斯在致股东（1997 年）的公开信中，非常明确地表露出经营企业的核心观念，认为应该是“以创造长期价值为核心”。这一理念贯穿于亚马逊历年的发展过程中，这封信也被贝索斯附于之后历年致股东公开信的最后面，提供给股东作为参考。

在最近的一封致股东（2012 年）的公开信中，贝索斯进一步诠释了自己的理念是“长远思考才能做到不可能的事情”。

不妨回顾一下亚马逊公司上市后，贝索斯致股东的第一封公开信，以及最近的一封致股东的公开信的部分内容，从中管窥亚马逊电商帝国的成功之道。

贝索斯在致股东的公开信(1997年)中写道：

今天，电子商务为顾客节约了开支和宝贵的时间。明天，通过个性化的服务，电子商务将加速这个特殊的发现进程。亚马逊将利用互联网为客户创造真正的价值，同时，期望建立一种经久不衰的专营权利，不管是对于已经建立的市场，或者更大的其他市场。

我们的目标就是尽快强化和拓宽目前的市场地位，并为进入其他新的电子商务领域做好准备。我们将自己定位的巨大市场视作长期的、持续的机会，这样的战略并非没有风险，需要谨慎而细致的资源投入，需要强大而果敢的执行力，以对抗那些已经建立起强大专营权利的市场领导者。

所有这一切都是基于对长期价值的关注。我们相信，衡量我们是否获得成功的一个重要标准，就是我们是否为股东创造了长期价值，这种价值直接源自于我们巩固和拓展当前市场领导地位的能力。我们的市场领导地位越强大，我们的经济模式越具有力量。强大的市场领导地位，将带来更高的收益，更多的盈利，更快的资金周转速度，以及非常可观的资本回报率。

我们所做的每一个决策，都将持续影响到我们专注的领域。从创业开始，我们就将企业的市场领导地位指标化：客户增长率，收益率，客户乐于再次购买的意愿程度，以及我们的品牌力量。

基于我们对长期目标的专注，我们所做的很多决策以及衡量得失的方法，都有别于其他的企业。因此，我们希望与你们分享我的基本管理和决策方法，向我们的股东证明，你们的投资哲学是可持续的。

我们将为强化长期市场的领导地位作出更多努力，为这一目标做持续的长期投资决策，短期的盈利以及华尔街的反应将不会进入我们的决策视野。我们将继续优化我们的项目评估机制，分析投资决策的有效性，抛弃不能提供有效回报的项目，对于运作良好的项目追加投入。同时，我们将继续从成功及挫折中汲取经验教训，对于那些有助于提升我们市场领导力优势的机会，会毫不犹豫地投资。在这个过程中，我们可能会付出一些损失和代价，但是，我们会从每一个案例中学习到非常有价值的东西。

为了应对市场机会的扩充，大量持久的投资将不可避免。但是，正如我们一再强调的，总体来看，网络书店以及电子商务将会被证明是一个具有巨大机会的庞大市场，很多企业都极有可能从中获取巨大的收益。

2013 年 4 月 13 日，贝索斯在致股东信 (2012) 中写道：

阅读这封信的普通读者会了解到，我们在亚马逊公司工作的动力来自打动客户的愿望，而不是对最直接的竞争对手的猛攻势头。我们不会评论那些可能让企业最大限度地获取成功的方法，因为这是利弊互见的。有很多企业的成功，在于如何设法超越竞争对手，我们致力于关注竞争对手，受到他们的启发。不过实际上，以客户为核心是我们企业文化的标志性元素。

我们的优势，也许仅仅是微妙的优势，就是以客户为中心，这有助于调动某种积极性。在我们表现最好的时候，我们并不会等待外界的压力。在我们需要行动之前，我们就从内部改善我们的服务，增加优势和功能；在我们需要行动之前，我们就开始下调商品价格，为客户增加价值；在我们需要行动之前，我们就开始发明和创新。这些投资的动机只是出于对客户的关注，而不是对于竞争的反应。我们认为这种做法能够赢得客户的更多信任，推动客户体验快速改善。更重要的是，即使在我们已经领先的领域也是如此。

我们在会员服务、亚马逊网络服务、Kindle 产品、数字出版和客户体验方面的大量投资，给人们的印象似乎是过于慷慨，对股东利益漠不关心，甚至是违背了作为盈利性企业的原则。有位旁观者写道："在我看来，亚马逊是一家慈善机构，为用户利益在过多的领域进行投资"。但是，对我而言，遇到问题才设法改进，其实是事后的聪明。我们生活的世界正在快速地发展变化，因此这种做法非常危险。

从根本上来说，长远思考才能做到不可能的事情。积极主动地取悦客户，赢得他们的信任，方能从客户那里获得更多的业务，在新的商业领域也是如此。用长远的眼光来考虑，要让客户利益和股东的利益保持一致。

在我写这封致股东的公开信的时候，亚马逊公司的股价最近表现不错，但是我们不断提醒自己。重要的是，正如我经常在全体员工大会上引述著名投资者本杰明·格雷厄姆的名言："短期而言，股票市场是投票机，但是长远来看，股票市场是称重机。"我们并不会像庆祝卓越的客户体验那样庆祝股价上涨 10%。在股价上涨 10% 的时候，我们并不会比以前聪明 10%，在股价下跌 10% 的时候，我们也不会比以前愚笨 10%。我们希望权衡企业的分量，我们始终致力于打造一家分量更重的公司。

第 2 章
云端致胜

一、以创新为引擎

相对于传统商务局限于销售空间和场地，以消费者直观的实物选择为主，以亚马逊公司为代表的互联网电子商务营销模式，则大幅度突破传统，从信息时代的层面来揭示企业建设与市场营销的理念。

借助互联网的拓展，亚马逊从市场规划、信息化建设、物流管理、营销手段、客户群定位、客户服务等方面，均突破传统模式，开创电子商务之先河。通过以客户利益为中心的长期建设，充分发挥电子商务相比传统商务所具备的信息优势、规模优势和价格优势，以全方位的精细化管理，融合科技创新，以及由产品策略、价格策略、促销策略与售后服务等要素构建的不断丰富和完善的客户体验，突破和超越了传统商务的局限。结合强大的云计算能力、丰富的数字出版资源和智能移动终端应用，占据电子商务未来发展的先机，这也是本书定名为《云端致胜》的原因。

创新是经济社会发展的驱动力，也是企业成功的基础。从宏观上看，人类社会的发展，归根结底是物质生产力的发展。作为社会生产的开展形式，人类社会开展经济活动的前两个阶段，是农业经济阶段和工业经济阶段。在 20 世纪 50 年代至 80 年代，以北美、西欧等发达国家为代表的工业经济走过繁荣发展的高峰后，一种全新的经济形态或者叫做经济模式已显现端倪，这就是以信息技术为主导，以不断创新为驱动的信息经济。

与以往的任何一次技术革命不同，信息技术革命改变的不是人类对自然资源的利用方式，而是适应市场供需状况，适应资源供需能力，提高社会的资源利用率，以新技术、新产品、新能源解决工业经济导致的能源危机和环境危害。这种变革是以改变人类信息传输、储存方式来实现的。

作为一种资源，信息可以通过互联网无限扩大和反复修正。信息资源的这个特征，与普通的自然资源正好相反。因此可以这样认为，新经济的实质，就是技术的信息化与金融、贸易的全球化，新经济的核心是高新技术变革以及由此带动的其他领域一系列创新。

1.《时代》周刊预言未来

亚马逊在电子商务领域的成功，在某种意义上，标志着工业革命使社会生产水平进入工业自动化阶段之后，借力信息浪潮推动消费和流通领域的商业自动化。对于信息技术的影响力，不妨回顾下《时代》周刊的预测。

1982 年底，美国《时代》周刊做了一件极为标新立异的事情。这份刊物把 1927 年以来的“年度时代人物”评选，没有按惯例授予某个人物，而是把这个荣誉授予了“个人电脑”(Personal Computer)。

费了一番周折，找到《时代》周刊当时的报道后，发现这份由奥托·弗雷德里希执笔的超过 8000 个英文单词的长篇大论中，竟然非常准确地预言了未来二十几年中个人电脑的发展趋势。

《时代》周刊写道：

有时候，在一年中最有影响力的不是一个人，而是一个过程，而且整个社会都普遍认定，这一过程将改变所有其他的进程。因此，《时代》周刊将个人电脑选定为 1982 年的年度人物。

《时代》周刊将个人电脑选定为1982年的年度人物

这篇报道称，当时惠普公司的 HP9000 电脑，已经具备了平面图像处理和三维作图功能，苹果电脑则可以转接电视信号。仅在 1980 年，美国的二十几家公司就售出了 72.4 万台个人电脑。在 1982 年，日本售出了 43.5 万台个人电脑，联邦德国售出了 39.2 万台。

1946 年，宾夕法尼亚大学制造的世界第一台计算机“ENIAC”，重达 30 吨，造价高达 487000 美元，使用了 18000 个真空电子管，平均每 7 分钟死机一次。1982 年，顶级的 IBM（International Business Machines）个人电脑售价不过是 4000 美元。

《时代》周刊比喻说，这种性价比的巨大变化，就像用 2.75 美元买一辆劳斯莱斯豪华车，每 300 万英里消耗一加仑汽油的感觉。

这篇出自 1982 年的报道，不仅准确预言了个人电脑在计算、存储、游戏、教育等方面能够带来的巨大影响力，还提到了通过调制解调器和电话线传输电子邮件，促进信息传输和收集的前景。连当时文章中对于电子邮件的称谓 electronic mail，也和现在人们惯用的简称“E-mail”一脉相承。

《时代》周刊预言，个人电脑及其网络，将彻底改变旧的商业模式。

2006 年底，《时代》周刊又把“全体互联网用户”评为“年度人物”。在这期周刊封面上，显示了一个白色的键盘，和一个 iMac 电脑显示器样式的显示屏，一个视频网站 Youtube.com 样式的视频播放器。

《时代》周刊对此解释说，社会正从机构向个人过渡，个人正在成为新数字时代社会的公民。本年的年度人物将是互联网上内容的所有使用者和创造者。

2006年底，《时代》周刊把“全体互联网用户”评为“年度人物”

从 1982 年到 2006 年,《时代》周刊相隔 24 年的两张“年度人物”封面，反映出的正是信息化浪潮对于社会变革、经济发展带来的深远影响。前者预言了以个人电脑为核心产品的信息化技术和产品的应用普及，后者预言了以网络为核心的互联网用户社会经济活动——理应也包括互联网用户的消费活动——将得到空前发展的趋势。

在这个时期中，亚马逊作为少数成功的互联网企业之一，抓住了从 1995 年开始互联网普及的大好时机，成就了互联网发展史上延续至今的一段传奇。

2. 价值创新的理念

对于企业而言，创新的成败，必须通过不断地消除创新过程中的不确定性，并且实现创新的价值来体现，这就是创新的核心——价值创新。

在信息经济时代，创新的最显著特点是：创新的速度大大加快，并且创新能够迅速地转化为现实生产力，对经济发展起到强有力的促进作用。

据美国国家专利局统计，到 20 世纪末，美国有史以来的发明专利已达 600 万个。其中达到第一个 100 万发明专利足足花了 85 年时间，而发明专利从 500 万增加到 600 万个，仅仅用了 8 年时间。

科技发明转化为生产力的速度也大大加快。1990 年，美国公司将科研成果转化为新产品的时间需要 35.5 个月，到 1995 年，只需 23 个月。1990 年，一辆汽车从概念设计到投产需要 6 年时间，现在只用不到两年。

创新的早期经典理论，出自美籍奥地利经济学家约瑟夫·熊彼特，他在 1912 年出版的著作《经济发展理论》中明确指出，“创新，是指企业家对生产要素的重新组合。”创新包括引进一种新的产品或提供一种产品的新质量，采用一种新的生产方法，开辟一个新的市场，获得一种原料或半成品的新供给来源，实行一种新的组织形式。

熊彼特强调，创新并不等于发明。一种发明只有应用于经济活动并成功时，才能算是创新。创新者不是实验室的科学家，而是有胆识，敢于承担风险，又有组织实干才能的企业家。

熊彼特把创新视为不断地从内部革新经济结构，是一种创造性的对经济生活的变动，如同生物界的突变一样，可以称之为“产业突变”。在静态体系内，资本、人口、技术和生产组织都不变，竞争的结果是价格等于成本，没有利润。这样的社会是停滞的。在动态社会里，创新型的企业家利用新技术、新方法提高效率，使成本低于价格而获取利润。创新总是先由个别人进行的，但创新活动所得到的利润鼓励其他人模仿，因此形成创新浪潮，这时整个社会生产率会大大提高，社会就进步了。

广义上看，创新的方式大体包括下列 5 种情况：

（1）创造新产品。

（2）采用新生产方法。

（3）开辟新市场和推广新服务。

（4）取得或控制原材料的一种新供给来源。

（5）实现任何一种新的产业组织方式。

创新最大的难题是具有不确定性，创新的程度越高，不确定性就越大。创新的实现与扩散过程，也就是对创新不确定性逐步消除的过程。

对于创新的解释，结合不同的产业领域，根据不同企业的状况，可能会有更多的具体定义。以互联网为信息主导的新经济运作的特征，可以把针对企业的创新，从本质上归纳为价值创新。因为无论是创新的技术，创新的观念，还是创新的服务，都是服务于实现经济价值的创新，即为企业创造更多的价值和利润，这无疑是企业生存和发展的根本基础。

创新能力的提升，是企业竞争力的标志。创新能力的高低，直接关系到一个企业竞争力的强弱。创新能力强的企业，其竞争力也强，反之亦然。

关于创新，其内涵是多方面的，既有产品创新、技术创新的问题，也有企业组织管理方面的创新，还有机制创新等，但在本质上，信息经济时代的企业创新，必然是价值创新。

3.苹果的商业奇迹

对于价值创新的最直观体验，不妨看一下苹果公司的实例。

从苹果公司的商业成就，可以得出以下结论：好产品的定义，不见得是技术上和功能上完美的产品，但必须是吸引人的产品。

在大多数 IT 产品的实际技术水准相差无几的局面下，产品的形象设计（工业设计）对于市场销售甚至企业的兴衰成败，能起到决定性的作用，这也就是所谓的“客户体验”的重要作用。

1996 年，中国台湾的宏基电脑公司率先推出了视觉造型令人耳目一新的“Aspire2000”多媒体电脑，并得到了立竿见影的市场回报，企业的知名度也迅速提升。但是，真正把以创意和工业设计为基础的价值创新做大做强的，无疑是史蒂夫·乔布斯重新掌舵的苹果公司。

1976 年 4 月 1 日，30 多年前的那个愚人节，三个年轻人史蒂夫·乔布斯、史蒂夫·沃茨尼亚克和罗纳德·韦恩，从组装 50 部电脑的第一份订单做起，成立了“苹果电脑公司”（Apple Computer Inc.,2007 年更名为苹果公司，Apple Inc.）。当时大多数电脑没有显示器，苹果的第一代产品选择了电视作为显示器。

当时光流转到 21 世纪，苹果公司成了为 IT 业最具有新鲜创意和独特魅力的企业。

苹果公司产品畅销的秘诀，是融合了简约和时尚风格的超强工业设计。他们推出的 iPhone 手机，iPad 平板电脑，以及此前的系列产品 iPod 音乐播放器，iMac 台式电脑等产品，成功地突破了 20 世纪 90 年代由微软公司（Microsoft）的操作系统软件（Microsoft Windows，微软视窗系统），和英特尔公司（Intel）的中央处理器硬件（Central Processing Unit，简称CPU）形成的个人电脑行业标准，成为移动互联网时代通讯、消费和娱乐产品的首选品牌。

20世纪70年代初，乔布斯和沃茨尼亚克曾经像20年前中关村的游商一样，到处兜售他们的小玩意。他们在加州伯克利大学的宿舍，挨门挨户地推销自制的“蓝盒子”，把这个装置接上电话线，就可以免费打长途电话。

幸运的是，他们赶上了信息技术突飞猛进的时代，没有把才智过多地用在零散的小生意上。虽然他们没有发明电脑，但他们在1977年4月推出的Apple II，是世界上第一款适合个人使用的电脑。当时苹果电脑的三个要件是彩色显示器、压缩空间的主机机箱和独立的键盘，这种结构安排，直到今天也是个人电脑台式机产品的通用标准。

同年4月，苹果公司的设计师罗伯·加诺夫（Rob Janoff），修订完成了苹果电脑的LOGO设计：把最初牛顿在苹果树下的版画，改成一个具有彩虹般条纹色彩，被咬了一口的苹果剪影。

1978年，当索尼公司推出“随身听”磁带播放器（Walkman），电影“星球大战”（Star Wars）开创了电脑动画技术应用于电影的先河之时，苹果公司推出了迷你化的软盘驱动器，以及将个人电脑连接到各类打印机的控制卡。1979年，苹果公司的VisiCalc软件成为电子表格的鼻祖。1980年，苹果公司推出了FORTRAN语言。

1980年12月，苹果电脑公司在纳斯达克上市，首次公开募股售出460万股，每股价格22美元，成为1956年福特汽车上市以来华尔街最大的新股交易。

1983年，苹果公司迈入世界500强。

1984年1月，借力美式足球“超级碗”决赛为宣传平台，苹果公司推出使用鼠标和全新图形用户界面（GUI，Graphical User Interface）的

Macintosh 电脑。

一年多之后，微软公司才开发出首个采用图形用户界面的操作系统软件 Windows1.0 版。被用户市场广泛认可的 Windows3.1 版，是直到 1992 年才推出的。可以说，在操作系统的领域，微软是典型的后来居上。

由于乔布斯一直不肯把苹果电脑的软硬件标准开放给其他电脑厂商，这给了 IBM 公司个人电脑和微软公司的操作系统成为主流行业标准的机会。1985 年，美国总统里根授予乔布斯与沃茨尼亚克国家科技勋章，但两人随后由于公司内部矛盾加剧而先后离职。

苹果公司1998年8月推出的外观设计令人耳目一新的iMac电脑

20 世纪 90 年代以后，苹果电脑公司的市场不断萎缩，经营业绩节节下滑。转变始于乔布斯重新回归苹果公司之后，准确的时间是 1997 年 9 月 16 日，乔布斯被任命为苹果公司的临时首席执行官（Interim CEO）。

乔布斯回到苹果公司后做了两件事，一是把苹果公司原有的 60 多种产品停产了绝大多数，只留下 4 种。二是就苹果公司与微软公司的多起知识产权纠纷，主动寻求与微软达成和解，从比尔 · 盖茨那里拿到了 1.5 亿美元的投资，由此缓解了苹果公司当时的财政困难。

从此以后，苹果公司开启了长达15年的由乔布斯主导的“苹果传奇”。

在传统个人电脑销售市场已经趋于饱和，利润不断摊薄的局面下，苹果公司以产品工业设计作为突破口，在1998年8月推出了外观设计令人耳目一新的iMac电脑。

iMac电脑将主机与显示器合而为一，不仅外观设计清新可人，一改个人电脑传统设计中呆板、沉重的形象，而且用户能像拎保龄球那样，一只手就可以把iMac提走。

iMac颠覆了个人电脑那种既定的四平八稳的厚重外形，以一种让用户备感轻松的设计风格，全内置的设计和半透明的机箱令人耳目一新。

为了让塑料的机箱外壳透露出令人愉悦的色调和质感，而不是廉价塑料的混沌质感，苹果公司首席设计师乔纳森·伊夫曾到一家生产糖豆的工厂观察研究了多次。随后，每台iMac机箱的成本也从业内标准的20美元提高到65美元。

对于简约和时尚结合的工业设计风格，苹果公司创始人乔布斯有一种像瑞士手表制造者那样的近乎完美的要求。他曾经不远万里从意大利选购大理石，铺设到苹果公司在纽约曼哈顿的专卖店里，并亲自查看大理石的纹理。

苹果公司曾经有这样一个典故，乔布斯要求一款iMac电脑的设计不能有一个可见的螺丝，后来设计师提交的原型产品中，有一个螺丝藏在把手的下面，随即遭到了乔布斯的训斥。

苹果公司在2001年10月推出的iPod音乐播放器，确立了一种明快的、后工业时代的产品设计风格。那种酷味十足，体现了简约风格与时尚的设计风格，很快就使iPod产品成为音乐播放器中的标准。

最先推出的白色iPod，据说是吸收1968年著名的“甲壳虫”（The Beatles）乐队发行的“白色专辑”（The White Album）的封面，封面上仅有纯白底色和普通的灰色字体。其实，那张专辑的曲目编排非常混乱，包括民谣、摇滚、爵士、舞曲、迷幻等多种风格，据说听过专辑的人都承认，这张专辑可以说是这支史上最杰出的摇滚乐队走向分崩离析的前兆。但是，即使没听过甲壳虫乐队作品的人，也会在看到“白色专辑”封面后留下深刻的印象。

与 iPod 配套的 iTunes 数字音乐商店（iTunes Music Store），则汇集了包括世界五大唱片公司在内的超过 2600 万首歌曲。音乐商店最初以每首歌曲 0.99 美元的价格下载，到 2013 年 2 月，已经在线销售了超过 250 亿首歌曲。

以 iPod 为基础，苹果公司继续开发了触屏控制的音乐播放器 iTouch，又在 iTouch 的基础上，于 2007 年推出了曾经被当时手机制造业“龙头老大”诺基亚（Nokia，最先研发成功触屏手机，但是放弃了商业应用）放弃的触屏手机 iPhone。

第一代 iPhone 传承了设计精巧、界面明快和简明实用的传统，大小正适合普通人的手掌。超薄的机身配置了 3.5 英寸的 TFT 触摸屏和 200 万像素摄像头，内置 4GB 或者 8GB 的微硬盘，充分考虑到移动通信用户对于音乐、视频等多媒体的需求。

像 iPod 那样，用户界面的简约风格，是 iPhone 最突出的特点。比如，在 iPhone 侧面的左上方，也就是对应左手拇指的位置，是一个音量调节钮，用户可以如同使用传统收音机那样自如地调节音量。而传统手机的音量调节，需要至少按键十几次才能设置妥当。

操作 iPhone 几乎没有必要看说明书。机身正面除了一个开启界面的“Home Button”按键之外，所有的应用功能都集中在触摸屏上。四个主要功能桌面分别是电话、短信、上网和音乐，界面切换非常简单。在拨号和文本输入方面，触摸屏上的数字和字母按键虽然很小，但手指点击后能够自动放大，因此完全不必担心输入出错。更令消费者欣喜的是，用户可以根据自己的喜好设置输入界面，比如模仿老式打字机的界面等。

如今，iPhone 在手机市场上已经大行其道。与此相伴的是，20 世纪 90 年代手机霸主摩托罗拉（Motorola），因经营不善被谷歌收购；后来的行业老大诺基亚不断沉沦，最终被微软收购。

更令人不可思议的是，对质量如此挑剔的“iPhone”产品，利润却高得惊人。2012 年，经济学家郎咸平在《财经郎眼》节目中披露的数据显示，苹果 iPhone 手机在 2011 年全球的手机出货量中占到 4%，而利润却占到全球手机市场的 77%。

苹果公司的高明之处，就在于运用卓越的工业设计，塑造了令消费者完全认可的产品形象，利用“眼球经济”的影响力，拯救了一个日渐没落的品牌。

长期以来，IT 产品拓展市场的手段基本上有两种，一是不断追求技术升级，二是以价格战争夺市场空间。所以我们看到 CPU 的速度越来越快，软件不厌其烦地推出新版本，数码相机的像素越来越高。

从理论上讲，信息产业的技术升级和制造能力是没有上限的；相对于产品供给，不论软件或硬件，消费者的总体需求是有限的。而 iPod、iPhone、iPad 等产品的市场开发策略，则是以流行时尚为卖点，将产品、流行音乐和视频下载，与后来出现的 APP 应用程序捆绑推销，从而不断取得高额利润和经济附加值。

苹果的商业成功揭示了一个价值创新的原则，即：顾客除了追求更便宜的价格与更可靠的服务之外，也趋向于接受价格不菲但感官上更满意的流行时尚产品。能在琳琅满目的同类产品中吸引所有人的眼球，并争取到为数可观的买家，就需要通过设计带动观念创新。

以客户体验为基础的工业设计，不仅是创造产品知名度的手段，也是赢得商业财富和改造传统制造业观念的有效方式。有人说，苹果公司最大的贡献在于，它告诉人们可以凭借产品的工业设计，向用户传递一种愉悦的情感。这说明：杰出的工业设计，也是一种有效创造财富的商业模式。

苹果公司的实例说明，在信息产业市场趋于饱和，大多数产品利润不断摊薄的情况下，IT 产业最稀缺的是观念创新。通过设计带动价值创新，这是 IT 业中最稀缺的要素。

IT 产业已经从以前的卖方市场转为现在的买方市场，从以前的需求充分转为现在的市场饱和。当需求趋于饱和之后，带来的必然是产品供求关系走向反比例增长。互联网使所有制造商的成本都无比透明，低端的竞争者惟有以价格战求生存。没有一个能在同类产品中脱颖而出，令人耳目一新的产品，就只能在市场上随波逐流，自生自灭。

以上关于苹果电脑从低谷走向复兴的过程，没有太多纯粹的技术进步因素，而是以创新设计体现出的创新观念，从而创造并赢得了市场机遇。

类似的以观念创新实现价值创新的实例不胜枚举。20 世纪 80 年代，录音机市场不景气，索尼公司推出的“随身听”音乐播放器风靡全球。

运动鞋走向廉价的年代，耐克公司（Nike）从设计上入手，最先推出了耐克气垫（Nike Air）、气柱（Nike Shox）等完全不同于其他运动鞋的理念。另外再找几个诸如篮球明星迈克尔·乔丹、科比·布赖恩特这样的大牌明星做形象代言人，十几年内就打造出了运动鞋产品的顶级品牌。

相比苹果公司借助工业设计在趋于饱和的市场拓展产品生存空间，结合全新的在线销售歌曲和应用开发业务实现价值创新，亚马逊公司则是把传统的零售业整体搬到互联网上，实现了沃尔玛式的集约化经营的规模效应。

二、电子商务如何创新

1999 年，美国《时代》周刊将亚马逊公司的创始人杰夫·贝索斯评为年度世界风云人物，这项殊荣只授予年度对于世界发展起到显著作用的人。在信息产业领域，此前仅有英特尔公司的创始人安迪·葛罗夫在1997年当选过《时代》周刊的年度风云人物。贝索斯的获选不仅仅是他个人和亚马逊公司的荣誉，也标志着以互联网为平台，将传统的店铺商业营销模式成功转变为电子商务的营销模式从此登堂入室，得到了世界范围的认可。

与苹果公司作为消费电子产品设计制造商历年来奉行的"少而精，高利润"，以阶段效益为基础的目标经营策略截然不同，作为电子商务服务商，亚马逊秉承的是"大而全，低利润"的以客户体验为基础的长期经营策略。

随着互联网的发展和普及，电子商务不论是以电子港湾（eBay）为代表的"客户对客户"（C2C）的网络个体交易模式，还是以亚马逊为代表的"商家对客户"（B2C）的集约化零售电子商务，均呈现出爆发式增长。2012年，亚马逊的营业收入达到610亿美元。在其成功模式的辐射作用下，世界各个互联网发达的国家均兴起了电子商务热潮。

从依托互联网的发展应运而生到蓬勃兴起，从电子商务这段并不长的历史中总结其创新经验，那么如何让传统的市场营销与新经济环境下的创新相适应？

具体分析，相比传统商务，电子商务至少在五个方面具有显著的创新。

1. 电子商务必须形成规模效应

电子商务与传统商务在零售业上最直接的区别就是，借助互联网建立的虚拟卖场，电子商务以商品信息即可达成交易，而传统零售业只有提供现货才能达成交易。

传统商务的销售中存在地域差别，因此必然会产生产品价格、产品的丰富性以及服务水准的地域差别。比如，同样规模和类型的产品，小店铺的价格通常要比超市贵一些，产品种类也比较少。而顾客出于节省时间、交通路程等成本的考虑，也会接受小店铺的产品。

电子商务的情况则完全不同。在互联网上，不同电子商务企业出售同样的产品，价格是完全透明的，而产品的种类丰富与否，也是完全可以知晓的。顾客在互联网上访问任一商家的时间，理论上是相等的，因此顾客有充分的选择余地。

经济学规律表明，在互联网上，顾客总是倾向于选择更优惠的价格和更优质的服务。因此，做好电子商务市场营销的前提之一，就是要发挥网络的信息传播优势，给顾客提供充分的选择余地，也就是形成商品的规模效应。

苹果公司为音乐播放器和平板电脑用户提供曲目的 iTunes 数字音乐商店，从最初的大约 20 万首歌曲，迄今已累积超过了 2600 万首歌曲，传统的音像店或者书店根本不可能容纳这么多的商品。

仅就音乐作品而言，iTunes 数字音乐商店基本上汇集了五大唱片公司有史以来的所有曲目，这足以形成流行乐下载市场类似沃尔玛的规模效应，别处找不到的曲目，基本上都可以在 iTunes 数字音乐商店找到。

普通的音像店，很难买到 20 世纪 60 年代的经典摇滚乐队甲壳虫（The Beatles）的作品全集。如果想在音像店找齐 20 世纪三四十年代的早期爵士乐大师路易斯·阿姆斯特朗（Louis Armstrong）和爱灵顿公爵（Duke Ellington）的作品全集，几乎是不可想象的事情。但是这些作品基本都可以在苹果的 iTunes 数字音乐商店找到。

当然，也有一些乐迷倾向于从音乐家的作品全集里筛选一些偏爱的作品，那么以通常 0.99 美元一首的下载价格，收集一部分作品的总体价格，与音像店购买一张 CD 专辑大约 10~15 美元的价格相当。不同的是，消费者通过在线数字音乐商店，可以像在一个上千万商品的超级市场购物那样随意挑选曲目。到 2013 年 2 月 7 日，苹果公司通过在线销售商店，已经售出了逾250亿首歌曲。

电子商务的法则之一就是“赢家通吃”。形不成规模效应的电子商务企业，只能在注意力经济的选择下逐渐被人们忽视，随波逐流，自生自灭。小店铺式的网络经营，则需要汇集到诸如电子港湾、淘宝这样的大市场中。但即便是这样的大市场，同样也要在规模效应下，才能获得生存和发展的机会。

2.电子商务要提供最迅捷的商品信息

形成规模效应之后，电子商务的营销还必须保障消费者能够用最迅捷的方式找到所需要的产品，就像沃尔玛那样，商品多而不乱，分门别类，保证消费者在轻松的氛围中选购所需要的商品。

同样是通过互联网做零售业生意，亚马逊公司的商品规模堪称电子商务企业的沃尔玛，而不少国内购物网站，给人的印象是用杂货店的意识来经营。

杂货店的特点是，无论从店面陈设还是销售意图上看，都是以急功近利式的促销和推销为宗旨。而沃尔玛那样的超级商场，则提供给顾客无压力的购物环境。现实的情况是，不理睬杂货店吆喝的人很多，而从超级市场里空着手出来的人很少。

形象地说，首页应该相当于购物网站的门脸，分类商品的页面则相当于货架。同样是卖图书、音像制品和各种百货，国内一些知名电子商务网站的首页，密密麻麻地排满了好几大类商品，堆砌百条以上商品信息，用肉眼能够分辨的最小字号来塞满整个页面。此外，为了吸引顾客的眼球，大多数同类网站的首页，都会见缝插针地放进去几十张商品图片，以及好几处Flash制作的动画广告。

这种做法并不明智，试想一下：传统的超市或者百货店，能把生意都集中在一楼么?

打开亚马逊网站（Amazon.com）的首页，你会发现，这家年度零售商品总额数百亿美元的网站，首页几乎没有动画广告，推荐的商品一般不超过 20 个，页面左上方是商品分类索引，中间部分是新商品推荐，右侧是热销商品简介，包括 5 美元下载 100 张音乐专辑中任意一个专辑的促销（截图右下方）和复活节的促销商品（截图右上方）。商品图像大部分是像素很小的缩略图，分类商品的网页同样如此。

此外，该网站根据用户访问的 IP 地址，直接在左上角醒目位置用中国国旗的图案，提示中国区访问者浏览亚马逊的中文网站（Amazon.cn），以节省顾客购物选择的时间。

Amazon网站首页

这样的设计，首先是保障了访问网页的速度。同样的上网速度，打开塞满了图文和动画的网页，自然要比亚马逊网站这种简约风格的网页更费时间。访问网站的人数越多，这种差别也就越明显。而网络用户一般都不喜欢打开速度慢的网站。

其次，这样的页面设计风格，更符合顾客的视觉习惯和查找商品的需要。亚马逊网站的网页，除了左侧上方的商品分类检索，一般在网页的下端和角落都会留出空白。实体商店中，顾客对于柜台和货架角落处的商品比较容易忽视，亚马逊的网页风格，显然充分考虑到了用户对于网速的需求和大多数用户的视觉习惯，从而不给访问网站的顾客造成任何强制推销的视觉压力。

用简约的网页设计风格和明晰的商品索引，提供最迅捷的商品信息，也就是在第一时间吸引顾客，这是电子商务不能忽视的要素。

那些以杂货店意识经营商品，在首页上堆砌促销商品信息的电子商务企业，应该意识到这样一个现实：顾客想购买的并不见得是商家推销的商品，而是能够以最便捷的方式找到需要的商品。

3.电子商务要挖掘消费者的潜在需求

一般来说，互联网上的电子商务所涉及的商品，如图书、音像、日用品等，总是处于供给饱和的状态，理论上足以满足所有顾客的需求。但电子商务也具有稀缺性的一面，就是能够以信息传播的方式，告知顾客未来短期内的预售商品，从而在提供给顾客更多选择的基础上，挖掘顾客的潜在需求。

之所以说这是相对稀缺的元素，一是因为这是传统商务营销很少涉及的范围，二是因为有规模地促销预售商品，发布预售商品信息的模式，互联网具有传播速度快，信息量大，并可以随时接受网上订单的独到优势。充分发挥互联网购物的信息优势，这是传统商务无法企及的。

以亚马逊网站初期主营的图书、音像类商品来看，亚马逊为客户提供了大量的预售商品信息。在传统商场里，顾客只能买到现货，而电子商务则不同。亚马逊公司能够通过与出版商、发行商建立稳定的信息交换，对于各类商品，特别是顾客对新发行产品非常感兴趣的图书和音像作品，提供未来大约一个月内的发行计划以及预售商品的细节信息。

如果顾客对于现在发行的某一部影片的版本不完全满意，比如，对于一部正在出售的奥斯卡获奖影片《少年派的奇幻漂流》的 DVD 版本不十分满意，网页信息上会预告：不久后就会有一个带花絮的高清版本推出。许多影音商品还提供了流媒体格式的在线付费下载，顾客看到信息后就可以先预订，也可以先了解有关的商品价格信息后再做比较，最终确定选择买哪一个。

这种挖掘顾客潜在需求的营销方式，无疑扩大了商品销售范围，也有助于让顾客形成经常浏览商品的习惯，从而招徕更多的回头客，逐步形成稳定的顾客群。

4. 电子商务要有灵活机动的促销手段和开放式反馈

通过电子商务做促销，要结合互联网商务信息快捷，渠道多样的特点，机动灵活地开展捆绑销售，这样既促销了商品，又能给顾客带来一定的便利。

国内购物网站的促销方式大致有三种。

一是出于竞争的需要，将个别热门商品降价到很低的程度，限量或限时销售。

二是部分积压的滞销商品，如销路不畅的书籍，知名度低的歌手音乐 CD 等，做削价处理。

三是根据竞争对手的商品报价做价格浮动，包括某些特定时段或者特定商品免运费等。

亚马逊公司的方法，则是采取机动灵活的捆绑促销方式，在顾客订购了一件商品的基础上，购买相关商品或正在热卖的其他产品，就给予价格减让。

比如，在购买奥斯卡热门影片《少年派的奇幻漂流》的基础上，连同另一部奥斯卡获奖纪录片《寻找小糖人》一起购买的话，就可以获得一定的价格优惠，近似于“第二件商品半价”。或者在购买一位导演的热门新片时，可以用很大的折扣幅度一同购买这位导演的另一部旧片。

这种捆绑促销的折扣方式，有两个明显的优点：

一是可以机动灵活地促销一些销路平平的产品。比如上面的例子，多年前的老电影，销售数量肯定不及新近发行的作品，也存在以捆绑销售适当减价促销的空间。

二是这种捆绑销售的折扣方式，便于顾客收集某位作家、导演或演员的系列作品。在促销的同时，顾客也得到了便利和实惠，从而实现了营销中的“双赢”效果。

互联网是一个信息公开的平台，电子商务要有灵活机动的促销手段和开放式反馈。传统商务的“口碑营销”是长期积累形成的。互联网时代的电子商务，则把客户对于商品的评价公开化和透明化。

相比国内一些电商网站对所售卖的商品基本上是预设好评，包括一些淘宝店铺“不接受中评和差评”的态度，亚马逊公司则完全公开客户的评价，甚至是没有在其网站购买该商品的登陆用户对于商品的评论，这既有利于对商品感兴趣的客户作出选择，也有利于商品生产制造商直观了解消费者的需要和抱怨，从而在以后的规划和生产中改进商品的缺陷和问题。

即便客户评价从微观上不利于此产品的销售，但从长远来看，亚马逊公司对于商品评价实行的开放式评论和意见反馈的做法，既保护了消费者的利益，也有利于树立亚马逊公司作为全球最大电子商务企业的品牌信誉。

5. 电子商务要整合物流能力，保障支付安全

物流能力和支付安全，是电子商务必须非常重视的问题。这两个要素得不到绝对保证，经营电子商务就没有基础可言，企业的信誉也就无从谈起。

互联网上的买卖双方，大多不是直接交易，要通过中间机构如网上银行、信用金融机构、快递公司或者其他委托人、代理人进行商品周转和钱款的转移支付。通过网络方式支付货款，还要充分防范黑客利用技术手段盗取用户账号、密码。

对于电子商务而言，如何充分保障交易信用和支付安全，是尤其重要的问题。“C2C”模式的交易网站，如电子港湾推出的“PayPal”，淘宝推出的“支付宝”，都是为此做出的有效安全保障措施。而“B2C”模式的电子商务企业，则需要以更可靠的直营物流部门，或者委托第三方递送货物及收取货款等方式，来实现安全保障。

由于电子商务企业大多是纯流通性企业，对于绝大多数售卖的商品没有生产能力，因此，“B2C”模式的电子商务企业，必须要建立一套机制完整、协调有效、物流畅通、配送准确的管理机制，保障货物在约定的时间内安全送达。

总之，经过上述的一番初步论证，电子商务想要实现价值创新，应该以形成规模效应为前提，以提供最迅捷的商品信息为基础，以挖掘消费者的潜在需求为导向，以灵活机动的促销方式为手段，以物流能力和支付安全为保障，作为开展网络销售业务，拓展市场营销渠道，赢得用户满意度的主要策略。上述的五个要素之间的关系应该是相辅相成，互相促进，缺一不可。

三、亚马逊创新的“十二条军规”

创新最大的难题是具有不确定性。创新的程度越高，不确定性就越大。消除创新中的不确定性，使创新成果更好地服务于企业建设和发展目标，是企业创新过程中的重中之重。

亚马逊公司的成功创新，可以归纳出以下 12 条基本原则。

1. 固执与灵活兼备

对于亚马逊公司的创始人贝索斯而言，一家成功的企业，必须做到“固执与灵活兼备”。以中文的表达习惯，或许可以形容为“刚柔兼备”。贝索斯对此的解释是：“我们在发展方向上固执，在细节问题上灵活”。

坚持企业的发展方向，是其中的第一层含义，灵活处理细节问题是第二层含义。贝索斯补充道：

> 如果你不对一件事情坚持己见，用不了多久你就会放弃尝试。但是，如果你不具备随机应变的技能，就算撞上南墙，也找不到解决具体问题的方向。想做到固执与灵活兼备，无疑是一个挑战。两者或多或少地会同时产生，困难的事情在于，当情况发生时，你会选择其中的哪一个原则？

对于贝索斯而言，他心目中成功的企业家，大都具备一种独立思考的习惯，以自己的办事原则和处事手段来带动整个团队。

当一个企业家具备优秀的分辨和处理事务的能力，能够合理判断和选择固执与灵活兼备的原则，他的企业就能够从零雇员发展成为拥有 69000 多名员工的巨头企业。

2. “两个匹萨饼”的团队构建

亚马逊公司启动于西雅图郊区一套三居室的民宅，当时贝索斯付出的价格是月租金 890 美元。也许是从小微企业做起的经历，贝索斯倾向于组建精干而独立管理的项目团队。他将此称为“两个匹萨饼”原则，即这个团队最多由 5~7 人组成，小到定购两个匹萨饼就足以吃饱。

贝索斯认为，如果项目团队的规模扩大，就会倾向于缺少效率。低效必然导致团队工作成果减少和不必要的浪费。所以，应该保持精干的小团队工作方式，让他们放手尝试。

3. 不断尝试

贝索斯认为，企业每年进行两倍的试验，才会有两倍的创新。作为亚马逊的首席执行官，他鼓励就商业的策略不停地进行尝试，不断用创新的方式应对客户市场的需求和商业对手的竞争。

汽车公司会生产概念车，食品公司会生产新口味的食品，零售店会重新布置货架和商品布局以营造新的氛围，药品企业会不断地进行新药的生物安全试验，尝试创新是企业发展的必备要素。对于亚马逊而言，不停地尝试创新形成了企业的一种文化，并且不会因为别人已经尝试过了，就拒绝进行新的探索。

比如，在电视上给亚马逊公司做广告，就是一个不断探索和创新的案例。

在亚马逊发展初期，他们尝试过在电视上做网站的宣传。根据对客户群体所在地的研究，他们觉得波特兰和明尼阿波利斯两座城市是目标客户比较集中的地区，随后，亚马逊就在这两座城市进行了长达 16 个月的电视广告投放。这个周期远远比其他企业进行电视宣传的时间长，但是贝索斯的团队表现出了令人难以置信的耐心，进行这项长周期、高投入的试验。当试验结果评估出来后，相关的决定就作为公司的长期策略。

投放电视广告的结果是，亚马逊的销售只获得微小的增长。贝索斯认定这种方法投入产出比不划算。虽然这项投放电视广告的试验付出了一定的时间和资金，但帮助亚马逊制定了今后对于电视广告的长期策略。

另一个实例是免费快递。亚马逊对于消费额满 25 美元以上的订单提供免费快递（在亚马逊中国网站 Z.cn，则是定购满 29 元人民币免运费）。

在这项尝试开始阶段，亚马逊将其称为“超级免运费配送”。尽管从利润上来说，这样做并不划算，但是贝索斯知道他的客户有这样的愿望。他认为满25美元给予免费快递的方案，对于企业收益而言，短期是不利的，但是着眼长远，会增加客户对于亚马逊的信任和好感，提高客户的忠诚度和购物频率。为此，他制定了一个月的尝试计划。

接下来的问题是：如果客户对于每个订单满25美元免费快递的方案仍不完全满意，怎么办？看一看“亚马逊优惠”(Amazon Prime)的解决方案：

（1）客户每年支付79美元。

（2）亚马逊保证在此期间为客户提供两天内送达的快递服务，无论客户订单的总价格是多少，定购物品尺寸的大小。对于加入“亚马逊优惠”的客户，企业都提供全年内两天送达的快递服务

（3）加入“亚马逊优惠”的客户，在此期间，可以不限量地免费观看“亚马逊优惠”提供的在线电影和电视节目。后来，亚马逊还为这项服务增加了Kindle电子书阅读器和平板电脑用户免费借阅电子图书的业务。

以这种定额收费的模式服务于小额订单客户，从财务上评估并不划算，因为这样做增加了亚马逊快递方面的支出，但是积极的效果随之而来。自从“亚马逊优惠”推出后，他们收到全球各地的订单，对于快递企业的选择范围也随之扩大，快递价格也变得有商议的余地。于是，亚马逊通过快递业务量的激增，压低了平均快递成本。

贝索斯说，“亚马逊优惠”就像是一顿79美元的自助餐，客户可以得到全年里两天送达的快递服务，不论买的是什么东西，价格是多少。从企业的角度考量，结果总是不能这么做，但是从顾客的角度来说，常识说明他们希望企业这么做。“亚马逊优惠”已经获得了每年300万至500万份订单，这说明，当企业的策略和客户需求一致时，就能够获得“双赢”的效果。

当然，并不是所有的尝试都能取得成功。亚马逊在 1999 年推出的在线拍卖业务，2004 年尝试的“A9 搜索”项目，就没有取得预期的成果。贝索斯认为，即便是失败的尝试，也是有价值的，因为这些尝试可以供每一个企业作为参考。

2011 年 6 月的一次会议上，贝索斯提及亚马逊的长期战略时说：“当你判定一个方向正确时——比如我们在 7 年前就开始推进 Kindle 电子书阅读器的工作——你必须进行必要的赌博，而且必须有足够的投入，必须极早开始启动你的计划，因为没有别的企业参与到这场竞争中。当你和其他企业同时参与到竞争中，意味着你的企业已经缺失创新很长时间了。”

亚马逊的实例说明，积极的尝试是企业创新的基础。

4.乐于创新

作为销售数百万种商品的超级电子商务企业，贝索斯的哲学是必须要不断地尝试和乐于创新，这与苹果公司前首席执行官乔布斯的做法不同。苹果公司每年只提供几种新产品，而亚马逊公司提供的产品和服务数量繁多，这就要求企业创新必须提速。

贝索斯用“先锋”和“探路者”来形容亚马逊公司的工作团队，他也始终在招募有创意的员工，以促使他们把企业营销不断地优化。

作为个人行为，贝索斯制造过一个工艺难度极大的“万年钟”，成立了一家名为“蓝色起源”的航天公司，为他自己发明的手机气囊申请过专利，也发明过太阳能厨具。

就像亨利·福特制造出汽车，莱特兄弟发明了飞机那样，发明创新是社会经济不断前进的推动力。

5. 长期战略

一次，当被问及亚马逊的营业收入增长情况时，贝索斯作为老板，甚至记不清准确的营收增长百分比。他说："我考虑的是未来几年的发展，已经忘记了这些具体的数据。"

亚马逊公司的零售业务规划始于 1994 年，贝索斯还记得开始阶段的艰难时光。他费了好大力气筹集到 100 万美元，为了筹集这笔资金，他约谈了 60 个投资人，其中 22 位给了他投资。

贝索斯回忆说，当时，这些投资人问到最多的一个问题就是"到底什么是互联网？"在很多人根本不知道互联网为何物的时候，贝索斯就已经预计到人们以后会通过互联网购物，这就是他的长期战略眼光。

显然，考量一项长期战略需要异乎寻常的耐心，同时也需要日复一日的运营管理，这两个因素都是企业实现价值创新的必要基础。

一些普通的实体店铺也可以生意兴隆，宾客盈门，但亚马逊公司并不是简单地复制或者模仿传统的商业模式。贝索斯认为，一项长期战略体现出成果，企业也许需要 5 年至 7 年的时间去等待，然而大多数企业都不会有这份耐心。

对于顾客有利的服务，比如亚马逊提供的购物满 25 美元的免费快递服务，考虑的不是短期收益，而是长期的效应，即顾客对于在这里购物的信任程度。贝索斯说："如果我们认可这项长期的战略，我们就会去做。"

6. 承受误解

2012 年 11 月，贝索斯在一次会议上，给出了他对于创新的定义：

创新 = 尝试 + 乐于创新

贝索斯认为，创新的基础在于你能够承受失败，并且要做好在相当一段时间内遭到别人误解的准备。

人们常常基于习惯来思考问题，如果你用新的方式做事，必然会招致别人的担忧，乃至出于忧虑的善意批评。传统商务有很多年来形成的固有的盈利模式，如果做电子商务者不想受到任何批评，那么最好什么事都别做。

对于企业而言，成功的创新必然要建立在大量的尝试和缜密思考的基础上。企业需要调动资源、人力、资金，以及日复一日地运营，来增加对于创新的尝试。不是所有的尝试都会见效，但是，没有尝试就没有创新。

7.用笔记录而不用幻灯演示

不少企业在开会时，形成了用幻灯片演示、讲解工作计划的传统，贝索斯却对此不以为然。

他在一次访谈中说：

> 我们的观点是，要留意信息中的细节，播放幻灯片的形式，对于演讲者很容易，但是观众理解起来有困难。我们的做法是所有的会议都准备六页的记录纸，员工用完整的句子和段落写出自己的想法，以此带动更深入的思考和更清晰的表达。

用文字形式记录下完整的思考和流畅的表达，对于企业的工作实践会有巨大的帮助，而且用笔写下的内容也不容易忘却。用微软公司的幻灯播放程序（Microsoft PowerPoint）等软件制作幻灯片并不难，难的是作出完整的思考，难的是表达出对于企业计划的核心构想。对于听众而言，六页记录纸上的内容远比一组幻灯片更实际。

8.从客户需求出发的逆向工作法

贝索斯认为，专注于客户会使企业的工作更有弹性。企业的工作理应始于顾客需求，然后根据逆向工作法，倒推自己的服务流程，对工作细节不断加以改进和完善。

企业的发展不是盯住竞争者，而是盯住顾客需求，无论产品还是服务。企业要注重研究顾客的需求和他们在消费过程中遇到的各类问题，并以此作为研讨自己工作流程和细节，制定相应创新策略的基础。

在2012年的一次会议上，贝索斯说：

> 如果我们的工作安排能够建立在我们的利益与客户利益一致的基础上，然后制定长期的战略，服务于顾客需求，这才是亚马逊想要收获的回报。

比如，亚马逊公司注意到，有的顾客在网络购物时，会重复订购以前买过的商品。出于一般的商业运营心理，自然是希望顾客购买的越多越好，而亚马逊采取的措施是，一旦顾客定购了重复的商品，就会在网页的显著位置作出信息提示，告知顾客“您曾于某时间购买过这个商品”，提示顾客作出判断，判断自己是不是还需要定购重复的商品。

另一个实例是邀请顾客评价商品。目前，亚马逊网站对于网络销售商品的客户评论是完全公开的。贝索斯知道这样的开放态度，肯定会有对于网站销售商品的负面评价，甚至是不负责任的评价，也难免会引起其顾客对于某些商品品质的猜疑。但是从宏观上看，公开客户的评价，总体上有利于维护客户利益，适应客户需求。即使这样的做法不利于个别产品的销售，但是会增加客户对亚马逊作为电商企业的信任程度。

9.坚持服务的战略

2012年11月，贝索斯在公司会议上说，很多人反复问我一个问题，亚马逊未来10年会如何改变？我能给出的答案就是：更低廉的价格，更高效的物流，更广泛的商品选择，集中主要精力在“亚马逊网络服务”（Amazon Web Services，AWS）方面，不断优化和改善服务效率和质量。

贝索斯说，服务为本，这就像谷歌公司知道他们的未来是基于为用户提供更精确的搜索，客户的需求就是企业发展的方向。

企业的精力用在何处？有多少顾客一直关注着你这个企业10年后的状况？如果没有，10年后的改变就从现在的服务做起。

10.尽早消除风险

企业创新的过程，同时也就是创新的不确定性逐步消除的过程，因此，企业家在创新的过程中必然会冒一定的风险。

贝索斯的观点是，优秀的企业家必须学会面对风险，并在企业建立和运作过程中，尽早消除风险。

他说："优秀的企业家并不会讨厌风险，而是寻求降低风险的办法。建立一家企业本来就有风险，然后在尽可能早的阶段，他们会按部就班地一步步降低风险，直至移除风险。当企业成长和壮大后，企业家需要继续有步骤地去消除企业规模改变后产生的新风险。

11.尽快付诸行动

空谈误国。纸上谈兵有时也会耽误一项伟大的商业计划。

贝索斯在决定建立亚马逊公司的时候，也考虑过是继续自己拿一份在华尔街的丰厚薪水，还是出来另外创一番天地。

他画了一个框架图，分析未来的社会发展趋势。贝索斯意识到，如果不在互联网初期开创自己的事业，未来一定会因此不断地后悔。不想后悔，是促成他启动亚马逊公司的因素之一。

12.超越惟利是图

超越惟利是图！这是贝索斯对于所有企业家的忠告。

企业家需要对自己的企业有准确的定位，做好各项基础工作，耐心地运营，然后等待企业上升的时机。

贝索斯用一句话简要概括过他的理念：在传统商务时代，人们利用30%的时间打造优秀的服务，将70%的时间用来吆喝叫卖。在电子商务时代，这个比例关系要颠倒过来。

周期短的企业趋向于追逐眼前利益，往往是开始阶段大展宏图，第二阶段惟利是图，第三阶段穷途末路。

贝索斯说：

> 要想建立一家成功的企业，企业家需要有足够的耐心和坚忍，要确定建设完善自己的企业是自己乐于并且专注奉献的事情，要有打造更优秀产品的责任感。惟利是图者总是希望自己的企业快速积累起财富，而有责任感的企业家立志于打造更优秀的产品或服务。这种看起来有些相互矛盾的选择，结果会是有责任的企业家赚到更多的钱。

第3章

一键下单

一、一键下单

相比传统的实体店销售，电子商务需要更多的创新元素，其中，最关键的环节是在客户满意的前提下达成销售。

亚马逊首创了拥有专利的“一键下单”（1-Click Ordering）：通过固化客户信息，帮助顾客在最短时间内确认自己的购买意愿。

这项专利引起了亚马逊电子商务竞争者的争议，苹果公司则直接购买了“一键下单”的专利使用权，用于在苹果的 iTunes 数字音乐商店出售音乐作品，迄今已经借此捷径售出逾 250 亿首歌曲。

“一键下单”的功能，为消费者省去以往在线购物的五个步骤，相比一般的网络购物流程：选定商品后点击进入购物车、选择地址、选择付款方式、选择配送方式以及是否开具发票等一系列常规操作步骤，“一键下单”可以在设置页面，将地址、付款方式、配送方式、发票事项等提前进行固定的设置，客户完成首次下单之后，以后每次登陆自己的账户，选定商品，作出购买决定后，只要鼠标点击一次，按下网页上的“一键下单”按钮，然后进行付款操作，即可完成下单。现在，这个功能为使用智能手机、平板电脑等移动设备上网购物的用户提供了便利。

亚马逊“一键下单”的研发始于 1997 年。贝索斯提出了想法后，主要由一位名叫佩里·哈特曼（Peri Hartman）的程序员负责开发。1997年9月12日，亚马逊公司向美国专利和商标局申请了“一键下单”发明专利。两年后，在1999年9月28日，美国专利和商标局批准了亚马逊公司的这项专利申请，专利号为:US5960411，申请专利的正式名称叫做“一种籍由通讯网络下订单的方法和系统”(Method and System for Placing a Purchase Order Via a Communications Network)，专利的申请人为佩里·哈特曼、杰夫·贝索斯等4人。

1.起诉巴诺书店

“一键下单”发明专利的实质，是电子商务企业保存并多次使用登陆客户的相关地址、付款方式、配送方式等购物信息。

在一些业内人士看来，这项发明专利的内容，更像是一个利用已知的互联网技术，对客户的购物过程进行控制的描述，又加上“一键下单”的应用效果非常好，很快就被经营网络购物的竞争对手效仿，因此引发了关于“一键下单”专利权的长期纠纷。

在“一键下单”发明专利被批准后，亚马逊公司于1999年10月向华盛顿西区联邦地区法院起诉巴诺书店的在线销售网站（www.barnesandnoble.com），称其购物功能设计的“快速通道”（Express Lane），对自己的“一键下单”构成专利侵权。法官在案件立案后，发布了一项临时禁令，要求巴诺书店的网站暂停“快速通道”的使用，直到案件审理完成。

巴诺书店的网站模仿亚马逊的专利，根据着“一键下单”的做法，让顾客再点击一次确认订单，形式上采用鼠标两次点击的方式，让顾客通过“快速通道”功能确认下单。亚马逊方面认为：巴诺书店网站的做法涉嫌模仿了“一键下单”的专利，构成专利侵权。巴诺书店方面则辨称，这项专利应该被判定为无效。购物方法在绝大多数国家都不能被批准为专利，但是在美国可以被认定为专利。

亚马逊公司针对被告方的抗辩进行了反驳，认为“一键下单”技术无论是在商业领域还是信息技术领域，都构成了技术创新，“一键下单”能够在使用中吸引更多的顾客，具有重大的商业价值。

之后，华盛顿西区联邦地区法院认定，“一键下单”专利具有创造性和商业价值，确定亚马逊公司已经充分证明了侵权的存在，因此作出了对亚马逊方面有利的判决。

巴诺书店随后提起上诉，上诉法院认可了巴诺书店提出的对“一键下单”专利有效性特别是“一键下单”属于显而易见的技术提出的质疑，并撤销了临时禁令，将案件发回地区法院重审。

这桩互联网产业的知识产权纠纷，引起了舆论的广泛关注。对于亚马逊“一键下单”专利的批评者认为，亚马逊公司凭借此专利，在现有技术的前提下，相对于其他电子商务竞争者构成了不公平的垄断优势，原因在于亚马逊的竞争对手为了规避侵犯“一键购物”的专利，不得不在它们的网络购物系统中，刻意采用更低效的客户下订单的功能设置，这对于电子商务的长远发展不利。

2000 年 2 月 29 日，开源软件的倡导者、资深信息专家蒂姆·奥莱利通过他自己的网站，给亚马逊公司首席执行官贝索斯发出了一封公开信。次日，贝索斯给奥莱利去电话，双方交谈了近一个半小时，用于交流自己的看法。

奥莱利认为，“一键下单”是一个很聪明的营销口号，但是其固化客户信息的基础源自几年前，即网景公司率先推出的“网景导航者”浏览器（Netscape Navigator，互联网早期最著名的浏览器）自动保存用户访问信息的“cookies”技术，这项技术早在 1994 年起就广泛应用于互联网开发，远早于亚马逊公司申请专利的时间。

作为一个推动快速技术创新的平台，互联网必然带给广大公众，包括亚马逊公司和这家企业的众多股东许多新的价值，如果一些企业采用已有的技术做些设计改进，并以此形成专利，去阻隔竞争对手和其他互联网研发的参与者使用，将不利于软件产业的发展。

奥莱利向贝索斯呼吁，亚马逊公司在已经拥有这项专利的前提下，应当避免刻意限制以后的开发者继续开发类似商业应用的功能。

对此，贝索斯向奥莱利解释说，“一键下单”确实足以构成原创性质的发明专利，尽管这项技术比较容易被竞争对手模仿和复制。贝索斯认为，网络购物的流程是客户把选购的商品放入购物车后，再进行结算，这与传统商业的消费者购物流程也是一致的。他意识到网络购物行为与消费者在购买实体商品时可以有很大的不同，所以亚马逊公司进行了技术创新。同时，亚马逊公司对于互联网的商业应用有过很多并没有申请专利的创新之举，比如通过互联网的图书销售状况设计出的图书出版物排行榜。

2.来自新西兰的挑战

到 2002 年 5 月，亚马逊诉巴诺书店网站专利侵权的案件告一段落，双方选择以发表联合声明的方式进行和解。但是，对于“一键下单”专利的争议并没有就此停止。2006 年 5 月，一位来自新西兰奥克兰的电影演员，同时也热衷于专利发明的皮特·卡尔维莱（Peter Calveley），向美国专利和商标局提出重新审核亚马逊“一键下单”专利的要求。

卡尔维莱曾在《指环王》等影视作品中扮演角色。他向美国专利和商标局提交的一份 22 页的材料中，提出了 26 项要求。卡尔维莱力图证明“一键下单”是在申请专利之前已经存在的技术，理由是一家在 1998 年破产被收购的公司“数字现金”（Digicash），在亚马逊提交专利申请之前，已经于 1996 年提出过类似的专利申请。

这家企业的专利描述是：互联网用户预存现金到自己的电子账户名下，当选定网络购买的商品后，用户一次点击鼠标确定购买，购物金额直接从用户的电子账户减去，定购物品或者以配送或者在线下载的方式传递给用户。

卡尔维莱的另外一个理由，来自 1994 年提出申请的另一项关于互动电视购物“一次按键下达订单”的专利：当电视观众选定一件商品，就可以按下电视遥控器的按键确认购买。有关专利描述中说：这种按键确认购买的方式，就相当于客户计算机的功能。

卡尔维莱利用他的博客，动员了大约 100 个互联网用户，资助他向亚马逊的“一键下单”专利提出挑战。按规定程序，只要申请人向美国专利和商标局缴纳 2520 美元的申请费和具体材料，有关的争议专利就会自动被列入重新审查的范围。

美国专利和商标局启动了对亚马逊公司“一键下单”专利的调查后，于 2007 年 10 月发出公告，驳回了卡尔维莱提出的 26 项要求中的 21 项，对于其中的第 6 至第 10 项要求给与了支持。

美国专利和商标局声明，卡尔维莱提出的 21 项要求没有得到支持的理由是，他所举证的两家公司，在亚马逊提出“一键下单”专利申请之前提交的专利内容，都没有在购物过程中将“购物车”作为其中的一部分。

随后，亚马逊方面补充修订了专利的内容描述，规范了“一键下单”专利只限于应用到采用购物车的网络销售方式，并提交了大量的相关材料。到 2010 年 3 月，美国专利和商标局经过 4 年的复审，认可了亚马逊公司的这项专利具有新颖性，确认了亚马逊补充修改的专利。

几经波折，亚马逊维护了“一键下单”的专利。2012 年 1 月，“一键下单”专利在加拿大获得批准；2012 年 3 月，这项专利在日本获得批准，获批的“一键下单”专利有效期至 2018 年 9 月。

2010 年 10 月，亚马逊开始将“一键下单”技术应用于移动通信消费领域，旨在联合其销售平台的第三方商户，为智能手机用户和平板电脑用户的移动消费和商品定购提供便利。

对于小屏幕的智能手机和平板电脑用户，加之不同区域之间的网速可能不稳定，网络购物时反复出现的选择定购信息页面和上下滑动的滚动条，对于移动用户造成了更多的困扰。通过“一键下单”固化用户信息，提供更便捷的定购方式，就显得更为重要。亚马逊在其网站和使用亚马逊平台销售商品的第三方商户网站，对移动用户提供了“一键下单”服务。

二、十位数的大生意

亚马逊的“一键下单”技术，得到了另外一家信息业巨头——苹果电脑公司的认可。2000 年 9 月 18 日，苹果电脑公司向亚马逊购买了“一键下单”的专利使用权，用于其在线商店的音乐订购。

苹果电脑公司是第一家购买“一键下单”专利的企业。该公司认为，这项技术为亚马逊的客户提供了优质的服务和轻松的订购过程，这正是他们的在线商店所需要的服务。一键下单订购系统允许用户通过登陆的方式，重复利用已往填写的交易信息，免去了打开一系列订购页面的繁琐过程，特别适合在线商店销售的音乐下载。

在与亚马逊签约的同时，苹果电脑公司宣布用“一键下单”功能提供在线下载方式的新推出的视频编辑软件“iMovie 2”，售价为 49 美元。这是第一款通过“一键下单”进行销售的软件。

时任苹果电脑公司首席执行官的史蒂夫·乔布斯说，苹果的在线商店取得了出乎意料的成功。通过买入亚马逊的“一键下单”专利许可，为苹果的客户提供了更便捷和轻松的购物体验，也将苹果在线商店的服务提升到一个新的层次。

贝索斯回应说，苹果电脑公司长期以来以富于创新而闻名，亚马逊非常高兴与苹果建立合作关系。

在获得“一键下单”的使用许可后，苹果电脑公司在 2003 年 4 月 28 日推出了 iTunes 数字音乐商店（iTunes Music Store），主要为非常流行的 iPod 音乐播放器用户，提供合法的网络音乐购买途径，以每首 0.99 美元的价格吸引网络用户购买。

iTunes 是苹果电脑公司 2001 年推出的一款免费数字媒体播放应用程序，能够在苹果电脑的操作系统和微软的“视窗”操作系统上跨平台安装和使用，主要功能是管理和播放数字音乐和视频节目。

2005 年 10 月，苹果电脑公司在 iTunes 数字音乐商店中加入了音乐视频，以 1.99 美元每集的价格推出电视剧节目的收费下载，以及提前预览即将发行的电影预告片等功能。

“一键下单”为 iTunes 数字音乐商店的销售提供了显著的便利，无论对于用户还是苹果公司，都从中受益。到 2013 年 2 月 7 日，苹果公司宣布，iTunes 数字音乐商店售出和下载的歌曲数量已经超过了 250 亿首。苹果公司互联网软件与服务的高级副总裁埃迪·库（Eddy Cue）表示，iTunes 商店的每秒下载量超过了 1.5 万首歌曲。

苹果的iTunes商店

苹果 iTunes 商店的音乐作品数量，从设立初期的约 20 万首增加到逾 2600 万首。2012 年，iTunes 商店和其他网络商店在线音乐销售总收入达到 56 亿美元，其中苹果公司的 iTunes 占有约 63% 的市场份额。2013 年第一季度，iTunes 商店的销售收入达到 24 亿美元。这意味着，购买了“一键下单”专利的苹果公司，通过在线音乐销售，一个季度的销售收入就达到了 10 位数。

1. 专利就是竞争力

亚马逊公司多年之前申请到的这样一个并非高深莫测的专利，却起到了所有电子商务竞争对手都无法超越的快速达成交易，丰富用户体验，促进在线服务的目的。更重要的是，“一键下单”体现出了创新与实用的结合，强化了亚马逊在电子商务领域的核心竞争力。

对于企业的核心竞争力，有一种很直观的说法是“一流企业卖标准，二流企业卖技术，三流企业卖产品”。从产业链的顺序来划分，普通的电子商务企业如果只专注于在线零售，或者只局限于电子商务加实体店的业务，基本还是处于“三流企业卖产品”的位置。

在激烈的市场竞争中，往往是越低端的企业，在生产和销售产品中付出的人力和资源最多，而利润又最少，处在“苦力”位置。从亚马逊近年来的运营思路看，在网络零售业务形成规模后，相继推出云计算服务，“Kindle”电子书阅读器系列产品，以及相应的数字出版业务，显示出从网络零售企业向技术型企业转型的趋势。

尽管亚马逊已经是股市市值上千亿美元的巨头企业，贝索斯仍然目光长远，坚持以创造长期价值为核心，坚持“长远思考才能做到不可能的事情”的理念。亚马逊通过网络技术服务平台和自主开发的硬件作为平台，争取在互联网产业的竞争中，以技术创新获取新的业务增长空间，把握未来的竞争优势。

浏览美国专利和商标局的网站（www.uspto.gov）可以发现，亚马逊公司已经拥有了大量的专利。截至 2013 年 4 月底，仅检索“亚马逊技术股份有限公司”（Amazon Technologies, Inc.）获得批准的专利，总数就达到 840 项，仅一周之后再次检索（5 月 7 日），亚马逊的专利总数增加到 856 项。其中，这家公司近几年来的专利数量明显呈现递增趋势，2009 年，该公司获批准的专利 46 项；2010 年获批准的专利 118 项；2011 年获批准的专利 180 项。

通常来说，专利是一种对于创新发明进行利益保护的法定手段，申请专利的企业，也将专利作为创新的一种确认形式。然而，并不是所有的专利都适合实际应用，但在亚马逊获得的专利中，不乏可能会在未来对于电子商务发展，乃至信息技术发展起到重大影响的技术专利，如“匿名移动支付”（Anonymous mobile payments），触屏输入助手（Touch input assist）等。

2. 移动匿名支付

“一键下单”，事实上已经成为电子商务在线销售过程中促成客户用最短时间达成订单的标准，那么美国专利和商标局不久前批准的亚马逊公司的“匿名移动支付”专利，也许会在未来的电子货币使用中起到极其重要的作用。

这项于 2013 年 4 月 16 日批准的专利，这样描述亚马逊的此项新技术：

> 一种通过计算机实施的，在付款人和收款人之间通过信息验证，无需泄漏私人信息的匿名移动支付的方法。

匿名移动支付使用户达成或者接收付款，无需向另外一方泄漏私人信息。在某些层面，一个付款人会出于特殊的理由，向服务器发出匿名支付的要求，服务器就会向发出要求者提供一个验证密码，提出匿名要求的付款人将密码发给收款人，该收款人将密码发到服务器验证密码是否吻合。

在另外一个层面，这个收款人可以要求服务器发出一组临时的特殊身份密码，再把临时的特殊身份密码发给付款人，付款人以这组临时密码通过服务器验证后，即可完成支付。随后，收款人可以向服务器发出通知，表明收到支付的款项。此外，匿名移动支付的验证密码，也许应包括密码有效期和使用数字的范围。

与“一键下单”近似，亚马逊公司提出的这项“匿名移动支付”专利，同样是一个过程描述，主要内容只是一种方法。但是亚马逊方面的介绍资料认为，在传统商务的支付转移过程中，无论是纸币、支票、信用卡还是电子支付，最终都需要通过金融机构的中转。而亚马逊申请的专利，则只需要通过计算机系统，比如互联网或者电话系统，就可以完成电子支付，保障私人信息不会在交易过程中对外泄漏。

分析亚马逊的上述介绍，他们的这项专利得到实施的前提，应该是能够等值于实体财富的虚拟电子货币独立投入使用。现有的各种电子支付手段，如智能卡、信用卡等，其交易并不能脱离银行或者其他金融信用机构，且不能直接用于个人之间的独立支付。当用户使用智能卡、信用卡进行转账支付后，另一方还需要从发行智能卡或者信用卡的银行，或其他金融信用机构提取货币，或者转入以实体货币计量的银行账户，如信用卡账户、存折等，才算完成了相关交易。

谁也不能确定，未来就不会出现可以独立使用的电子货币。那么，亚马逊的“匿名移动支付”，也许是另一个“一键下单”式的聪明创新。

三、精细化创新

“一键购物”是亚马逊公司运用创新策略改善客户体验的经典范例。

对于电子商务而言，客户体验是一个综合的标准，涵盖了商品与服务的丰富度和品质保障，价格的优惠度，以及商品搜索和购买流程的便捷程度，对于商品的直观展现和准确描述，物流配送的及时快捷，客户的信息安全，退换货售后服务客户满意度等诸多要素。

客户是企业发展最宝贵的资源。贝索斯有一句名言："每天醒来，所害怕的不是竞争对手，而是顾客。"

作为全球最大的电子商务企业，亚马逊在美国、加拿大、中国、英国、法国、德国、意大利、日本和西班牙等 9 个国家，建立起规模庞大的网络销售平台，拥有近两亿活跃用户。亚马逊公司的成长壮大，正是基于以客户长期利益作为企业长期建设的中心，以精细化管理，融合科技创新以及不断丰富和完善的客户体验，实现了电子商务的信息优势、规模优势和价格优势。

以客户利益为中心，将信息科技的创新成果应用于提升和改善企业的管理与服务，这个流程，实际上也可以视为企业管理过程中的"精细化创新"，即以追求更佳的客户体验为既定目标，在企业创新的过程中，通过精细化的管理提升顾客的满意度。

从长远看，企业建设的成败，无论是借力科技创新，还是优化管理措施，其目的都是为了实现企业利益，而企业利益的基础必须是客户利益。

由此可知，企业长期利益的基础必须是客户的长期利益。唯有建立和提高客户对于电子商务企业的认知度，形成客户对于电子商务企业的持续认可，认同其产品和服务，才能使客户乐于在这家电子商务企业购物，乃至形成经常购物的消费习惯。

亚马逊的"精细化创新"，源自专注客户需求，注重研究客户在消费过程中遇到的各类问题，以此制定和改进企业的工作流程和服务细节，以精细化的创新，促进和优化企业管理、技术应用和服务水平。

1.改进就是创新

在亚马逊内部有一个工作系统，叫做“亚马逊用户卓越系统”（Amazon Customer Excellence System，简称ACES），精益管理与改善是其中的重要环节。还有一项工作流程，叫做“从客户体验倒推工作”（Working from Customers Backwards），即亚马逊的技术团队以向客户提供的各种服务来划分，每个团队8到10人，在小团队快速简单沟通的基础上，负责分析运营中客户出现的任何问题，围绕客户的体验与需求，倒推自己的工作流程，寻求创新的解决方案。

亚马逊为优化管理和改善客户体验所做的“精细化创新”，可以说体现在诸多方面。比如，如果亚马逊客服连续两次收到不同客户对同一种产品的投诉，不论什么原因，客服都有权立即将货品下架，将有关问题核查清楚后，再决定是否上架和继续销售。

为了让网络书店的读者得到近似于实体书店的客户体验，亚马逊先后推出了读者可以试读图书内容的“书内阅读”（Look Inside)，和查找图书内容的“书内搜索”（Search Inside the Book）服务。正如贝索斯所说，亚马逊最大的挑战之一，就是如何让网络购物的每一个小细节都带有乐趣。

“书内阅读”和“书内搜索”功能，对于访问亚马逊网站的互联网用户很容易上手使用。只要找到想要的图书，点击图书列表上的带有“Look Inside！”字样的封面，或者打开具体的图书信息页面后，点击页面左上方封面的“Look Inside！”字样，就会自动弹出一个“书内阅读”显示框，点击封面则会弹出一个“书内搜索”的对话框。

比如下图：2012年诺贝尔文学奖得主，中国作家莫言的小说《生死疲劳》的英文版，点击封面图上方的“Look Inside！”字样，网页上就会出现一个显示框。显示框的左侧上方显示的是图书的基本信息，包括书名，封面质地（普通纸封面或者硬质封面），读者书评的数量（48条）和平均打分（四颗星），售价（11.66美元），69个提供新书或者二手书卖家的售价（7.09 美元起），然后是图书的细节，包括封面、版权页、第一页、封底、惊喜内容。

再下面是图书的内容搜索，读者可以按标题、关键词、正文第一句话等方式搜索对这本小说感兴趣的内容；显示框的中间和右侧部分是从网页上可以预览的图书内容，通常是图书从封面开始的有限制的若干页；显示框上方的按钮包括放大和缩小预览的画面、读者反馈、相关帮助、扩展阅读等功能。

显示框上方左侧的按钮，是为亚马逊的 Kindle 电子书阅读器和平板电脑用户访问时，在线使用电子书版本的“书内阅读”和“书内搜索”功能。

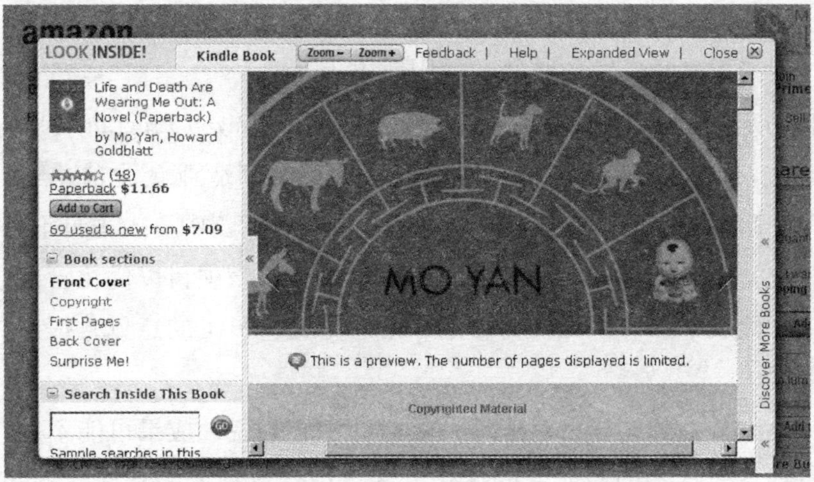

亚马逊上莫言小说《生死疲劳》的英文版

2. 无忧包装

亚马逊的“精细化创新”，也体现在用户不容易察觉的内部管理和运营过程，以提升企业的工作效率，节俭运营成本，以及保护生态环境。

比如，在物流配送包装过程中，亚马逊多年以来采用的“无忧包装”（Frustration-Free Packaging），比传统实体商业的包装更有利于保护环境，也便于用户打开包装箱。这种“无忧包装”舍弃了通常物流包装箱上用于加固的硬塑料封条，采用波纹状瓦楞纸板式的纸箱，其中有43%的再生纤维。配送用过以后，纸质的包装箱100%可以回收。包装箱内用于保护商品的充气袋，也采用可回收的无毒塑料，在快递配送过程中，无需再另外套上一个包装箱。

为了实现“无忧包装”的效果，亚马逊与在线销售平台200多个品牌的商品供应商进行了协作试验，总共试验了8万多件商品的包装，由品牌供应商将他们的产品，用“无忧包装”的方式免费发送到亚马逊公司的实验室，用于观察和反馈包装箱的使用效果。

亚马逊的运营中心有一个“改善项目”（Kaizen Program）。“Kaizen”源自日文，这是借鉴以丰田公司为代表的日本制造业企业精益管理的做法，充分调动员工的积极性，集思广益。亚马逊运营中心内来自不同岗位、不同职位的员工，都会参与到“改善项目”中。该项目以优化管理，提升效率，节俭成本和环境保护为目的，汇总与分析员工的意见，提出更好的解决方案。

一项细节上的创新，对于单一的运营中心来说，成果可能不是非常显著，但是，当具备创新元素的优化方案运用到亚马逊的全球业务网络中，就显示出非常突出的意义。

以下是几个“改善项目”的典型实例。

在美国肯塔基州的赫伯伦，亚马逊的运营中心通过“改善项目”，研究出一种提高配送商品的卡车货物装载量的措施。这里的团队找到新的解决方案，通过简单地改变货运卡车上的纸箱排放方式，可以使每一辆配送商品的卡车，增加约20%的纸箱装载量。这成果得到推广后，亚马逊的物流配送每年就节省了约300万美元的运费，以及超过30万加仑的汽车燃油。

在肯塔基州的莱克星顿，亚马逊的运营中心通过“改善项目”分析堆放散装货物的区域，发现这里有大片的空间在周末是空闲状态，但是照明灯还在照样开着，过多的照明导致了不必要的耗电。于是，这个区域的 120 个照明灯被永久关闭，还有 34 个照明灯在周末时段关闭。这样一项微小的改进，每年可以节电 45000 千瓦，大致相当于节省了肯塔基州 33 个家庭一年的用电量。

在堪萨斯州的科菲维尔，这里的亚马逊运营中心使用传送带设备。通常情况下，传送带在机器开启后一直运行，不论上面有没有配送的货物。通过“改善项目”加装定时装置，传送带在没有货物的情况下，就会自动停止运行。这项改善措施，节约了相关设备 30% 的电能消耗。

亚马逊公司在肯塔基州的赫伯伦和坎贝尔斯维尔、宾夕法尼亚州阿灵顿的运营中心，以往向物流网络小的地区配送中心用卡车运送货物时，由于小的地区配送中心通常不使用铲车，货运卡车只能用单层货运板运货。经过“改善项目”团队的分析后，他们为地区的配送中心配置了铲车，货运卡车使用双层货运板装载货物，提升了 1 倍的运货量。这项改进为亚马逊节每年约了 110 万英里的运送里程，还有超过 17.5 万加仑的汽车燃油。

在英国威尔士的斯旺西，亚马逊于 2007 年开设了自己的运营中心。一个“改善项目”团队细致研究了建筑光照的方案和效率，然后决定增加天窗和窗户的尺寸，以便在运营中心内部更充分地运用自然光照明。随后，这个团队应用了光线感应器设备，以便运营中心的电气照明设备在必需使用时才打开。这项改善工作，使得亚马逊在斯旺西的运营中心的能耗，比最初设计时减少了 40%，展现出亚马逊一贯的节俭作风。

在中国广州，亚马逊通过 2004 年收购卓越网，接管了原来的运营中心。这个中心原有的供货商，通常是把货物运输到卓越网的库房后，就把运输的包装材料扔掉。通过“改善项目”的分析研究，重新处理和分类了相关的包装物，硬纸板纸箱和其他包装废弃物分开处理并重新利用，每年节省了4万多个纸箱，以及超过8000公斤的包装材料。

亚马逊在美国华盛顿州首府西雅图的总部办公楼，以及德国慕尼黑的办公楼，均采用了大量环境友善型节能材料。许多运营中心也从节能省电和充分利用自然光照明入手，提高环境保护的水平。

亚马逊在北京的运营中心，是该公司在中国规模较大的一家，运营中心内部最大化地使用了日光照明，每月节省数千千瓦电能。此外，亚马逊网站也开设了“绿色亚马逊”频道（www.amazon.com/green），为客户提供种类丰富的节能环保商品。

相比以实体卖场为基础的传统商务，通过互联网运作电子商务，本身就包含诸多的创新元素。亚马逊所做的，就是在以客户为中心的前提下，结合企业发展的具体实务，从小处做起，集思广益，聚沙成塔，不断推动精细化创新。

四、容纳负面评价

互联网是一个是非之地，积极的消息可以借助网络得到广泛传播，负面的新闻更容易被无限放大。这其中既有网络信息传播迅捷的技术因素，也有互联网作为虚拟的社区空间，消息和言论不像现实社会那样受到相应的审查和管制的因素，还包括少数用户出于牟取不当经济利益，针对既定的个人或者竞争对手，出于恶意发表不负责任的评论等非理性因素。

作为全球最大的电子商务企业，亚马逊同样受到过负面新闻和评论引发的争议和困扰。“一键下单”的发明专利，引起过旷日持久的诉讼和争议。在非技术领域，对于亚马逊公司最有名的批评，来自托马斯·弗里德曼（Thomas L.Friedman）在《纽约时报》的批评，他认为，以亚马逊公司为代表的互联网零售业，注定要失败。最早的批评，则来自亚马逊对于所销售的图书开放包括负面评价在内的“客户评论”所引起的争议。

在《纽约时报》上公开批评亚马逊的托马斯·弗里德曼，绝非等闲之辈。作为全球著名的新闻记者，弗里德曼在 1983 年、1988 年和 2002 年三次获得美国新闻界最高奖项——普利策奖（Pulitzer Prize），现在他是普利策奖评委会的委员。

弗里德曼撰写的最著名的一本书，叫做《世界是平的：21 世纪简史》（*The World Is Flat: A Brief History of The Twenty-first Century*），这本书曾在全球各地畅销。直到现在，这本书和弗里德曼的其他著作一起，仍然可以在亚马逊网站上买到。

1.Amazon.you

作为美国发行量最大的报纸——《纽约时报》的国际事务专栏作者，弗里德曼在 1999 年 2 月 26 日的《纽约时报》上，发表了一篇对于亚马逊电子商务极尽讽刺挖苦的评论，题目叫《你也可以是亚马逊》（*Amazon.you*）

弗里德曼在评论中写道：

> 如果你们真正要关注这些没有利润的互联网产业的上市企业，比如亚马逊网站，你们就需要少关注艾伦·格林斯潘（时任美国联邦储备委员会主席），多关注发生在爱荷华州锡达福尔斯市一个小房子里发生的事情。在这里，一个爱荷华州的属于莱利·鲍林的家里，此人正在一间闲置的卧室中，重新创造亚马逊网站。我这么讲，并不是因为他们马上就会对亚马逊网站的业务构成威胁，但是我要强调，与亚马逊网站展开竞争是如此地简单，这也是我为何怀疑亚马逊和许多其他互联网零售商将永远不

可能像他们的股票价格一样赚取巨大利润的原因。

接着，弗里德曼在这篇评论里阐述了他的理由：

> 莱利·鲍林先生是北爱荷华州一个小型商业发展中心的主任，作为图书爱好者，鲍林一直遗憾没有一家自己名下的书店。现在鲍林决定，只需要利用自己的业余时间，就足以建立起一个与亚马逊网站一样的网络书店。先建立一个域名为“www.positively-you.com”的网站，然后像亚马逊的做法一样联系图书批发商，找到感兴趣的书目，每种书按批发价最低买入5本，然后像亚马逊网站一样按打折价格销售就可以了。按鲍林的算法，购买互联网服务和建立网站，加上信用卡转账手续费、打印等支出，每月需要花费150美元，只要每月卖书赚到的钱超过这个数就是盈利。建立这样一家网络书店，甚至根本不需要雇员，只要鲍林的女儿负责记账，妻子负责发货，鲍林自己找朋友、同事和邻居作为客源就足够了。鲍林还在自己的网站打出了像亚马逊一样的标语：“百万图书，心动价格。”

总之，弗里德曼认为，亚马逊网站所做成的一切，都可以在一间闲置的卧室里，仅仅作为业余爱好来完成。

在举例一本书计算了大致的利润后，弗里德曼接着奚落亚马逊，他说：

> 你们可以想象的是，互联网零售就是那么回事。每月150美元的成本，大致是亚马逊公司一股股票的价格，你们可以当成业余爱好来做，同样可以办起你们自己的亚马逊网站。

这篇发表于《纽约时报》的评论，贝索斯和亚马逊公司没有作出言论上的回应，任由时间和事实给出答案。

亚马逊用事实说明，电子商务并不像这位大名鼎鼎的作者描述的那么简单，不会只为微小的利润斤斤计较。

首先，在亚马逊网站建立之初，贝索斯准确地找到了图书产品作为网络销售的切入点，有准确的市场定位和产品定位。

其次，亚马逊公司于 1997 年 5 月在纳斯达克股市成功上市后，贝索斯在致信股东时，明确提出以创造长期价值为核心，不考虑近期盈利，保持和扩张在网络零售业的市场领导地位，并在物流配送、后台系统、收购兼并、品类扩张等方面稳步建设和发展。

在互联网泡沫破灭的 2000 年，美国共有 210 家互联网公司倒闭，亚马逊的股价也在一年内下跌了超过 80%。到 2003 年，当美国在线合并时代华纳，爆出上千亿美元的企业年度亏损“世界纪录”之时，坚持长期价值的亚马逊公司，则取得了持续的盈利和稳健的发展。

接下来，亚马逊推出的云计算服务，也一度被华尔街的投资人看衰，但是后来这项服务成为亚马逊利润率最高的业务。对外收费的云计算服务，只是利用了亚马逊后台系统剩余的设备能力，云计算的业务规模不断扩张，却没有增加多少成本支出。

随后，亚马逊又推出了自有品牌的 Kindle 电子书阅读器和平板电脑等产品，采取与苹果公司近似产品高利润定价完全相反的策略，结合数字出版业务，以成本价向用户销售硬件产品，意图显然是继续坚持长期价值为核心的策略，扩张在消费电子转向移动应用时代的市场份额。

2. 闲言“莫言”

亚马逊的书评，从一开始就存在争议。

在亚马逊网站运行初期，贝索斯决定许可客户在网站发表他们对图书的评论，无论是消极的还是负面的都可以。亚马逊的竞争对手们很难理解，为何一家图书销售商会做这样的事情：允许客户在网站上对图书发表负面评论，你的图书还怎么销售？

贝索斯不这样看，他认为开放评论意味着收集更多的信息，等于是亚马逊帮助用户作出正确的购买决定。开放客户评论，反而可以促进亚马逊的图书销售。

在亚马逊成功上市之后，进行了大规模的品类扩张，客户对商品的开放式评论，随之扩展到亚马逊销售的所有产品类别和项目。显然，无论是在图书销售领域，还是其他商品的销售领域，容纳负面评论的策略，并没有妨碍这家企业的发展。

仅就文化产品而言，读者对图书的评价，是其他读者决定是否购买这本书的重要参照。美国的书评有其历史传统，比较著名媒体如《纽约时报》、《华盛顿邮报》、《洛杉矶时报》、《波士顿环球报》等，均有对于热门书籍发表书评的传统。

与报纸杂志发表的专业书评不同，那里的书评大多是以肯定或者中立的立场来评论新的出版物，很少会有言辞激烈的指责和批评。但是在互联网的虚拟空间，情况就不同了，什么样的言论都可能出现。参与评论的，可以是亚马逊的竞争对手，或者该书作者本人。

在亚马逊网站，往往大家对于同一本书的评价差别极大，甚至由于商业竞争的因素，出现有失偏颇乃至蓄意指责的评论，但是在总体上，亚马逊的书评机制给了客户更多的发表言论的权利。汇总公众对于出版物的声音，将特定目的的在线图书展示和销售，与非特定目的的客户发表的图书评论巧妙融合，某种意义上，客户评论为选购图书的读者起到售前服务和售前咨询的作用。容纳了负面评论的开放书评，反而形成了亚马逊网站的独特魅力，受到众多读者的支持与追捧。

亚马逊网站的图书评论分为两部分。

（1）编辑评论 (Editorial Review)。亚马逊的编辑评论大致包括图书的内容简介和作者简介，编辑推荐的理由，以及特约的传统书评媒体发表的评论等。编辑评论和特约的媒体评论并不是每一本书都有，通常是热门图书，才会有比较详细的相关书评，供读者在购书时参考。

（2）客户评论 (Customer Review)。亚马逊将客户对图书的打分评价分为五个星级，五星表示非常满意，以此递减客户对图书的认可程度，到一星表示非常不满意。读者可以选择发表一两句话的简短书评，也可以写很长的一段评论，书评的篇幅和内容悉听尊便。

读者在亚马逊的主网站（Amazon.com）发表书评并不复杂，读者只要拥有一个注册账户，无论实名还是匿名都可以注册。注册后，至少在亚马逊购买过一件实物商品，或者定购过一次电子出版物，待交易成功 48 小时后，就有资格发表书评。当然，也包括可以发表对亚马逊网站其他在线销售商品的评价，不论是否在亚马逊购买过具体的某一本书，都可以就这本书发表书评。

关于亚马逊的书评，不妨以 2012 年诺贝尔文学奖得主、中国作家莫言的小说《生死疲劳》的英文版为例。这本书的英文版书名是:*Life and Death are Wearing Me Out*。

在编辑评论部分，亚马逊的编辑评论援引了《纽约时报》书评对这本小说的评价：一部触及内心和富于创意的小说，一个丰富、残忍和复杂的故事。然后是小说作者莫言的简要介绍，以及小说英文版译者霍华德·高德布拉特（Howard Goldblatt）的个人简介；亚马逊的编辑引用了《华盛顿邮报》2008 年对这本小说的书评，作为媒体评论供读者参考。

在客户评论部分，有 48 位读者给《生死疲劳》的英文版打分，平均为四星，表示读者总体上认为这部小说不错。亚马逊推荐了三条客户的简短评论：

（1）非常娱乐化和文笔优秀的小说。

（2）我读过许多关于 20 世纪中国的书籍，包括文学类和非文学类，这本书是我最喜欢的。

（3）这本书足够有趣，但是每次的故事结局都过于相似。

在亚马逊网站开放的用户书评中，也有一些读者对《生死疲劳》的英文版发表了不太满意的评价。

2013年4月11日，一位读者给这部小说打了满分五星的“三星”评分，亚马逊网站证实他在这里购买了《生死疲劳》的英文版印刷版本。这位读者评价说：

> 我发现这本书足够有趣，但是在某些意义上，每个故事的结局都过于相似。这本书完全不能引起读者的共鸣或者诗意的联想，确切地说，这两者都没有。作为一部被追捧的大师之作，至少应该通过某个暗示，引发读者的共鸣或者更宽泛的联想。

另一位读者在2013年3月2日给这部小说打了满分五星的“一星”评分，显示出他对这部诺贝尔文学奖作品非常不满意，亚马逊网站证实他在这里购买了《生死疲劳》英文版的电子书。这位读者留言说：

> 我们为自己的读书俱乐部选择了这本书，但是我感觉很难读完。虽然小说的概念很有趣，也有历史背景，但是细节过于冗长和繁琐，让我失去了对作者作品的耐心。

另一位给出了“三星”评分的读者，也是在亚马逊购买的此书。他在2013年1月22日留言说：

> 我曾经希望能被这本书的内容吸引，但是发现里面重复的情节过多。好在我读完了，略过了其中的很多段落。

从上述读者对小说《生死疲劳》英文版的有关评价看，亚马逊的书评机制，确实容纳了一部分客户对于商品的负面评论。这样的做法，除了充分尊重用户的言论权利和选择权利，也在某种程度上通过汇总和运用不确定公众作为亚马逊用户发表的评论，通过社会大众的言论表达，作为第一手材料，补充和丰富了商品的有关信息，便于公众了解和选择在线销售的出版物。

同时，开放客户评论机制，也包括亚马逊网站销售的其他品类商品，形成了电子商务在线销售商家与在线消费客户之间建立在互相信任和互动信息基础上的建设性关系。同时，宽松的言论平台，为读者创造出一种直抒己见、畅所欲言的和谐氛围。

3. 路遥知马力

相比读者只能以个体方式交流的传统实体书店，亚马逊设计出的开放客户评论机制，满足了众多读者通过星级评分和留言评论实现读者群体相互交流的目的。

既然是交流，就不可能要求读者众口一词，统一观点，必须要体现出个性化的元素。在个性化的基础上，为用户提供充分的选择权利。随着亚马逊客户评论机制得到长久的坚持，用户必然建立起对亚马逊网站在线购物的信任。

广义上讲，人际关系之间，信任是最短的距离；商家与客户之间，信任是最短的渠道。

容纳负面意见，承受外界误解，也是亚马逊发展过程中的重要元素。2013 年 1 月，贝索斯接受了《哈佛商业评论》（*Harvard Business Review*）总编阿迪·伊格纳休斯（Adi Ignatius）的采访。《哈佛商业评论》此前进行的公众意见调查结果显示，贝索斯排在当今健在的 100 位杰出企业首席执行官的第一位。

在访谈中，贝索斯对于亚马逊的创新理念，发展眼光，以及企业发展过程中承受的包容和误解，做了一次生动的回顾。

关于亚马逊的长期战略，贝索斯说：

> 当你以长期价值为导向，客户利益和股东利益就是一致的。在短期内，这两者不一定都能协调。我们在创新和做新的事务，我确信以长期建设为方针是创新的基础，因为企业承受不起在这

个过程中太多因急功近利而导致的失败。

我认为我们需要明白的基本问题是：我们不能用两三年完成一些事务，如果我们只是盯住一些在两三年内看起来有意义的财务业绩，一些有重要意义的事情就无法进行运作。比如 Kindle 产品，亚马逊云计算的服务，亚马逊优惠等许多事情，都需要长期的战略。

关于外界对亚马逊开放客户评论的争议，贝索斯在采访中说：

在创办公司的最初几年里，我领悟到的一个深刻的道理就是，如果你的企业想要富于创新和成为领袖，就需在很长一段时间内承受外界的误解。早期的一个实例，就是关于客户评论。有人给我写信，称我们根本不了解商业，只有在商品成功卖出时，才能获得利润，为什么允许读者写负面的评论？当我读到这封信时，我认为我们并不是通过卖东西赚钱，而是通过帮助我们的客户做出合适的购买选择而赚钱。

对于亚马逊的发展历程，贝索斯总结道：

对于一些企业，你可以用一个词概括，那就是征服者心态。不过，亚马逊拥有的是“探索者心态”。认同亚马逊这种探索心态和先锋气质的用户。将乐于和我们在一起，从中发现更多的乐趣，得到自我的强化。

第 4 章

物流领航

一、亚马逊的仓储王国

相对于传统商务，电子商务建立起来的信息优势、规模优势和价格优势，必须以丰富的信息流，高效的物流，充裕的现金流作为条件。对于亚马逊这样全球最大的电子商务企业来说，上述三个方面的建设都有其独到之处。

在信息流方面，亚马逊运用合理的网页设计，高效的商品检索，开放的客户评论，独到的“一键下单”与“书内阅读”等服务功能，在提供丰富商品信息与相关服务的前提下，形成了电子商务的规模效应，为用户选择商品和订购下单尽可能提供便利。

在物流方面，亚马逊以物流带动销售，着眼全球主要市场，布局自建的运营中心和仓储物流体系，优化仓储管理和配送手段，为用户节省配送成本，增加客户群体的数量，不断提高客户满意度，扩大自己的品牌效应。

在现金流方面，亚马逊坚持“现金流最大化”的策略。与大多数上市企业追求短期财务收益相比，亚马逊的投资更倾向于创新技术研发，扩张品类和市场领域的商业并购，以及给客户购物更多实惠的服务改善等方面。

对于电子商务而言，物流建设是重中之重。电子商务企业利用互联网传播信息，建立起虚拟的卖场后，客户通过网络数据传输下单。卖场是虚拟的，但配送的商品是实在的，商品的来源，仓储和配送，必须有周密的计划和严格的执行。

从信息流、物流和现金流的动态关系来看，电子商务的运作模式实际上是以信息流引导物流和现金流，从而实现价值交换。电子商务交易过程，利用互联网实现信息流的交接最直接，利用物流配送达成客户订购商品的实物交接最繁琐，而电子商务的物流配送效率，又直接关系到客户的满意度和忠诚度。因此，物流配送不仅是电子商务企业与客户关系最重要的环节之一，还对电子商务企业保持现有客户，挖掘新客户起到非常重要的作用。

可以说，能否在接到订单的最短时间内，以客户最认可的方式和价格，将订购商品精准地配送到客户手中，是攸关电子商务企业经营成败的重要因素。

亚马逊的仓储王国

反之，电子商务的蓬勃发展，也促进和提升了物流服务在现代商业领域的地位和作用。在传统商务模式下，对于普通消费者来说，物流服务更多的表现是零散的单一环节、无严格服务标准的被动化服务，比如客户订阅一份报纸或者一瓶牛奶。而在信息化主导的电子商务模式下，物流配送是以信息为主导，将采购、运输、仓储、管理、包装、配送等环节高度集中的一种新型的集成式管理，目的在于尽可能地提高效率，降低成本，使企业得到成本节约，客户得到实惠的价格和满意的服务，取得双赢的结果。

1. 拷贝沃尔玛

1995 年初期建立专项经营图书时，亚马逊公司采取的是被后来众多电子商务企业追捧的“零库存”策略。尽管网站上提供的在线销售图书种类有上百万种，亚马逊公司内部库存实际只有大约 200 种畅销书。对于读者订购的其他书籍，亚马逊在收到订单后，再向出版商要货，以此节约库存成本，提高库存周转率。

“零库存”的策略，为亚马逊初期的发展创造了物流和现金流的便利。随着企业规模不断扩大，在线销售商品的品类扩张，亚马逊借鉴和发展了沃尔玛在全世界大获成功的物流模式，采用自建大型和超大型仓储物流运营中心，以信息数据驱动物流管理，在提升物流配送效率的基础上，降低物流成本的比重。高效的物流管理，使亚马逊在电子商务领域拥有强大的竞争力。

在零售业电子商务企业中，主营在线用户销售平台化网站“电子港湾”（eBay），只需控制和管理网站的信息流，以及客户通过支付工具“贝宝”（PayPal）委托管理的部分现金流。集约化经营销售的亚马逊，则需要全面负责信息流、现金流和物流，建设与维护高效的供应链，充分利用信息系统，对货品从采购入库到作为商品出库配送的整个流程进行数字化管理。

1997 年 5 月上市融资成功后，亚马逊大规模推进仓储物流基础设施建设。1997 年 11 月，亚马逊宣布在美国东部特拉华州开设面积逾 20 万平方英尺，集成主要负责厂商收货仓储、库存管理、订单发货等物流管理职能的大型运营中心（Fulfillment Center）。

从 1999 年初起，亚马逊相继在内华达州、堪萨斯州、肯塔基州、乔治亚州建立起 5 座运营中心。至 1999 年底，亚马逊的运营中心总面积达 500 万平方英尺，相当于 1998 年仓储面积的 16 倍。截至 2012 年底，亚马逊在全球已建立 89 个运营中心，并继续为建设新运营中心和开发新设备投入巨资。

在 1998 年进行品类扩张之前，为了改善物流和供应链管理，亚马逊从沃尔玛“挖”来负责信息化供应链的理查德 · 达尔泽尔（Richard Dalzell），由其出任亚马逊的首席信息官。在沃尔玛负责供应与分销网络的吉米 · 怀特（Jimmy Wright），则出任首席物流官。

因为此次“挖”人行动，1998 年 10 月沃尔玛提起诉讼，控告亚马逊通过雇佣前沃尔玛高层管理人员窃取商业机密，最终双方就此案达成庭外和解，亚马逊重新安排了怀特的职位，并限制前沃尔玛员工在企业内部的工作范围。

在传统零售业中，沃尔玛的物流管理是其获得成功的法宝。沃尔玛百货（Wal-Mart Stores）由美国企业家山姆 · 沃尔顿（Sam Walton）于 1962 年在美国阿肯色州建立，作为当今世界上最大的连锁零售商，沃尔玛以低成本战略控制物流成本，再以廉价的商品零售让利于消费者。

沃尔玛的物流配送中心一般设立在销售市场密集区域的中心位置，基本上以 320 公里为一个商圈建立相应的配送中心，使得一个配送中心可以满足 100 多个周边城市和地区销售网点的供货需求。在此配送中心的供货范围内，沃尔玛各分店的订单信息，通过企业的通讯网络传递到配送中心，配送中心整合数据后，向供应商订货。供应商可以选择把商品直接送到订货的商店，或者送到配送中心。

沃尔玛在美国拥有 60 多个配送中心，按区域部署向 4000 多家沃尔玛的商店提供配送。通常情况下，汽车从任何一个配送中心出发后，都可在一天内到达这个配送中心服务范围内的商店，商品从配送中心运送到任何一家商店，时间都不会超过 48 小时。

沃尔玛的成功，很大程度上源于这家零售业巨头企业较早引入和应用了信息技术进行物流管理，在提高物流效率和节俭物流成本两方面形成了竞争优势，提升了物流业的现代化管理水平。

早在 20 个世纪 70 年代，沃尔玛就采用了计算机控制的管理信息系统(Management Information System，简称 MIS)；20 世纪 80 代初，沃尔玛斥资 4 亿美元，成为全球第一个发射物流通信卫星的企业，实现了企业内部信息全球联网。

1983 年，沃尔玛率先推广使用的时候采用了销售始点数据系统（Point Of Sale，简称 POS)，并于 1985 年建立了电子数据交换系统（Electronic Data Interchang，简称 EDI）进行无纸化信息处理。

随后，沃尔玛在 1986 年建立了针对市场需求的快速反应机制（Quick Response，简称 QR）。

到 20 世纪 90 年代，沃尔玛采用了美国军方提供的全球卫星定位系统(Global Positioning System，简称 GPS)，该公司 6000 多辆运输卡车全部安装了卫星定位系统，随时可以掌握物流配送过程中的动态信息。

沃尔玛在全球第一个实现集团内部 24 小时计算机物流网络化监控，建立了全球第一个物流数据处理中心，使采购、库存、订货、配送和销售一体化。在物流信息实时反应的条件下，沃尔玛加快了物流的循环速度，尽力避免因信息不畅导致的运输资源浪费和不必要的经营损耗，最大限度发掘企业物流配送环节的潜能，实现了高效的配送与物流成本节约。

2.随机摆放的奥妙

亚马逊借鉴沃尔玛的经验，将配送目的地城市和地区作为划分依据，自建大型和超大型物流仓储与配送运营中心，以信息系统结合工作流程，保障物流管理的水平。

亚马逊的运营中心，其工作主要是入库与出库两个环节。其流程大致包括：订货→收货入库→上架→订单分拣→单件/多件货品包装→测重程序→人工复检→出库运输。

（1）订货：亚马逊的采购人员根据信息系统的市场预测和销售动态，向供货商下订单。供货商随后向亚马逊的信息管理系统进行送货预约，信息管理系统会自动计算供应商和亚马逊运营中心网络的距离，匹配与供应商最近的库房码头，帮助供货商在24小时内送达货品。从下订单开始，亚马逊的信息系统随时反馈货品的运输状态和位置。

（2）收货入库：亚马逊的工作人员用扫描仪开箱扫描供货商运送的货品条形码，货物进入亚马逊仓储管理系统，但是还不能在网上出售。在入库的过程中，每件货物需要扫描测量长、宽、高，称重货品的重量，这些信息都将保留在亚马逊的数据库，直到货品出库。扫描的长、宽、高和重量等数据，决定物品的摆放位置，以及相应的包装箱尺寸和包裹价格等。当相关数据记录下来后，亚马逊的电脑设备和手持设备都会根据数据作出判断。

（3）上架：每件货品会由员工就近随机摆放在货架上。最大程度节省空间，是亚马逊优化仓储的一个策略。上架后，货品即可在亚马逊的网站上销售。从收货到上架，一般商品需要1小时到6小时。小家电产品因需要与供应商当面验货，因此耗时会长一些。在货品的摆放上，亚马逊采取“一货多位”、“多货多位”的随机摆放方式（Chaotic Storage），同一种货物，可以根据货架的剩余空间和货品的体积、重量等数据，随机摆放在不同的位置。根据亚马逊信息系统的货品数据信息以及规范化的工作流程，拣货的工作人员不会找不到随机摆放的特定货品。

（4）订单分拣： 运营中心接到用户发出的订单后，工作人员用手持设备扫描订单，系统会自动计算出与工作人员距离最近的货品的位置，工作人员以最短的路程分拣配货，以节省分拣订单的时间。

（5）单件 / 多件货品包装： 工作人员拣完单件或者多件货品的订单，装满拣货车后，进入到包裹流程线。亚马逊的信息系统会根据货品的体积和重量，推荐合适的包装盒，工作人员进行包装、贴条、贴订单信息，然后将包装的货品放在一旁的传送带上。

（6）测重程序： 亚马逊的信息系统根据订单的具体内容，自动计算出包装后的货品包裹重量。如果某个订单包裹的重量与计算的重量不符合，系统会自动把这个包裹从传送带上移走。

（7）人工复检： 工作人员对被系统剔除的，有问题的包裹进行人工复检。

（8）出库运输： 没有问题的包裹，将在快递区根据订单上不同的物流信息，分类到不同的传送带上，等待快递公司的货车运走，送到不同的用户手里。

在货品入库和出库环节，亚马逊运营中心采取的不合常规的做法是：库房内的货品不是分门别类地整齐储放，而是根据条形码信息随机摆放，这是亚马逊高效物流的关键因素之一。

“随机摆放”的基本原则，是货架上哪里有空间就把货品放上去，以货品的条形码和货架的编码作为查找货品的依据。按照最大化利用货架空间的理念，电视机不必和其他家电产品放在一起，肥皂也不必和其他洗涤产品放在一起，经常销售的货品也不用放在同一位置。奇怪的是，这样的货品仓储策略，却大大提高亚马逊工作人员拣货的准确率，减少了分辨不同货品和拣货的时间。

“随机摆放”有利于亚马逊运营中心充分利用货架的空间，并且无需花费时间去整齐码放各种不同类别的货品。运营中心的工作人员通过计算机管理的货品目录，来定位某一种特定货品的摆放位置，从而能够轻松地找到看起来摆放没有规律的每一件货品。

相比库房分门别类存储货品的常规库存方式，这个策略的优势是显著提高了仓储系统的灵活性。同一个货架的空间不按规律摆放相同的货品，企业就无需专门规划如何节省库存空间，因为随机摆放意味着各种货品和它们的销售量，无需在入库和出库的环节做事先预测。

按照常规的库存方式，当一种货品库存量少或者销售旺盛时，必然导致在库房中出现相当一部分未使用的剩余空间。随机摆放策略不预先设定货品的摆放位置，就能使货架空间总是得到充分利用，而且显著节省了货品在入库环节的耗时。

二、用物流盈利

通常来说，电子商务企业要实现并扩大盈利，主要源于三个方面：销售增长，成本节约，增值服务。其中包括运输、仓储、订单履约和退换货等环节在内的物流成本，占企业支出较大的比重。

亚马逊公司能够平稳度过 2000 年至 2002 年互联网企业举步维艰的低潮期，并从 2003 年起扭亏为盈，实现稳定的盈利，关键因素就是降低物流成本。同时，亚马逊利用降低的物流成本，以减免运费的方式吸引更多的顾客，削弱竞争对手的实力，扩大销售额和市场占有率，体现出了电子商务的规模效应。

亚马逊公司 1997 年上市后，按证券市场对于上市企业信息披露的要求，要向公众提供关于企业财务的季度和年度报告。相关资料显示，从 1998 年至 2002 年的 5 年里，亚马逊的销售毛利率基本保持在 20%~25%

之间，只有 1999 年的毛利率低于 20%。

由于亚马逊在此期间进行了从网络书店到超级卖场的大规模品类扩张，包括直接对其他互联网企业的战略收购，大量投资于仓储物流等基础设施建设，优化内部管理，改善用户体验的技术研发等工作，亚马逊在上市后的前 5 年里，在销售毛利率比较稳定的前提下，经营业绩却一直处于总体亏损状态，只是在 2001 年和 2002 年的第四季度有微薄的盈利。

从亚马逊的发展路径上看，1995 年开始图书的网络销售，1998 年起开始品类扩张和大规模收购兼并相关业务领域的互联网企业，2000 年开始向第三方商户开放网络销售平台，2006 年起提供亚马逊云计算网络服务，2007 年推出 Kindle 电子书阅读器，进军消费电子和数字出版市场，亚马逊采用的发展思路都是利用互联网的信息优势，对开拓新的业务采取“快速做大”（Big Fast）的战略。

对外以低廉价格和持续改善用户体验培育客户市场，对内则不断推进基础设施和技术服务建设，优化企业管理，降低物流和技术研发的经营费用率，这也完全符合亚马逊一直奉行的“关注企业长期利益和持续的长期价值”的战略思维。

1.雷曼兄弟的失败预言

2000 年互联网泡沫破灭后，亚马逊公司和以其为代表的互联网电子商务模式，受到了各界的广泛置疑。2000 年第一季度，亚马逊公司的亏损额达到了 3.08 亿美元，比 1999 年同期增加了 5 倍。虽然销售额增加了 95%，但是盈利前景看起来似乎仍然遥遥无期。

2000 年 6 月 22 日，华尔街投资银行雷曼兄弟（Lehman Brothers）的分析师拉维·苏里亚（Ravi Suria），针对亚马逊公司发表了一份措词严厉的分析报告。这份报告称，亚马逊将会在未来的一年内“烧光”所有的钱，被债务拖垮，并且分文不赚。

这份报告预测，亚马逊公司如果继续维持目前状况的话，其资金会在一年内见底。在报告中，苏里亚将亚马逊与传统零售商比较后认为，最值得担忧的是，网上零售本身可能就是一种错误的商业模式。包括亚马逊在内的网络零售商们一直以来所依赖的通过网络开展零售的商业模式，最终将为人们所抛弃。他的理由是：当亚马逊成长起来后，必须投入巨资建立仓储及配送中心，用以存放不断增多的销售货品；依靠品牌认知度及巨额投入来刺激营业额增长。而亚马逊面临的问题和那些传统零售商一样：太多的库存，稀薄的边际收益，以及昂贵的回报。从这种意义上来说，亚马逊面对的管理问题与传统零售商并无二致。

这份报告的结论是，亚马逊所做的与传统零售商没有什么分别，但如果以传统经济标准来衡量，该公司的经营状况甚至比三流零售店还糟糕。

雷曼兄弟的这份分析报告，在投资市场引发了巨大的震动。在报告发布的次日（6月23日），亚马逊的股价创出一年新低，跌至33.9美元，单日跌幅达19.35%。参照高峰期的股价计算，亚马逊的市值一天之内锐减了280亿美元。

亚马逊在1999年和2000年发行了总额不到20亿美元的公司债券。由于股价急跌，美国的评级公司标准普尔（Standard & Poors）将亚马逊公司的债券评为“CCC+”，属于垃圾债券中的第七级。另一家评级公司穆迪（Moody's），也将亚马逊的债券评级调整为“Caa3”，比标准普尔的评级还要再低两级。两家评级公司都将亚马逊的债券定位为“完全投机的垃圾债券”(Junk Bond)。

对于雷曼兄弟这份发给亚马逊公司的“死亡通知书”，贝索斯作出了强烈反应。他指责这份报告“鬼话连篇”，坚决否认网上零售模式存在致命伤。

贝索斯认为，这份报告以亚马逊扩张最快速的一年的财务指标作为评判依据，是违背常识的，亚马逊的运营中心建设就是一例。尽管在这个方面投入巨大，虽然目前仍有相当一部分仓储空间闲置未用，但却为销售旺季及时送货提供了有力保证。亚马逊在 2000 年第一季度，回头客的订单已占到总销售额的 76%。

贝索斯强调，亚马逊与沃尔玛式的传统零售商不同，网络购物增加营业额，无需像传统零售商那样增建新店，增设货架，或增加固定比例的服务员工。亚马逊增加同等销售额的成本，仅仅是传统零售商的 1/3。

在互联网企业的"严冬季节"，亚马逊下大力气"开源节流"，通过优化经营策略、管理手段和技术服务，大幅压缩了仓储物流业务以及技术和内容业务的费用率，同时以物流作为竞争手段，推出一系列减免运费的措施，扩大网络购物的客户群，提升客户的信任度和重复购买率。

在 1995 年亚马逊创业阶段，这家公司的仓储和物流费用率占到销售收入的 30%；2000 年，此项费用率占到销售收入的 16.5%；到 2002 年，仓储和物流费用率降到 9.98%。在技术开发和内容业务方面，亚马逊 1995 年的这项费用率占到销售收入的 33.46%；到 2000 年，技术和内容的费用率下降到 9.75%；2002 年，此项费用率下降到 5.48%。

仅这两项费用的支出，相比 1995 年初创时期，亚马逊在 2002 年节省了相当于年度销售收入 48% 的费率支出。相比 2000 年互联网产业极度萧条期，亚马逊在 2002 年在这两项费用的支出，也节省了相当于年度销售收入 10.79% 的费率支出。

2002 年 1 月 22 日，亚马逊首次发布了财政季度盈利报告，这家全球最大电子商务企业在 2001 年的第四季度取得盈利，当季财报显示，亚马逊当期的营业收入为 11.2 亿美元，净利润 510 万美元。2002 年第四季度，亚马逊再次实现了 300 万美元的净利润。

从2003年起，亚马逊进入到稳健的盈利时期，逐渐熬过了互联网产业的“寒冬”。

2.优化配送

亚马逊在技术和内容业务的费用率降低，很大程度上是因为电子商务的信息技术和信息内容具有延续性。电子商务网站不像门户网站那样，需要每日更新信息内容，因此对于内容的投入势必会逐渐减少。电子商务企业开发和应用的信息技术，也存在延续使用的阶段，同时还可以在原有技术基础上再次进行开发与改善，因此，一家成熟的电子商务企业，技术研发和业务内容的费用率逐年降低是总体趋势。

（1）订单外包。

在业绩扭亏为盈阶段，亚马逊重点在仓储物流业务进行改善和创新。在采购和备货方面，亚马逊既不再延续创业初期只保留极少品种产品“零库存”模式，也不像传统零售业那样，为了保证市场销售不断档，全面的、大规模地采购订货，而是因地制宜，随需应变，采用混合库存的策略。

所谓混合库存策略，是指对于客户需求量大的产品，采取保持大量库存的方式；对于客户需求量低或者极少的产品，以及那些销售迟滞，却大量占用仓储空间的产品，亚马逊选择交给合作伙伴管理库存。比如图书商品，亚马逊将书籍订单实行外包，将一部分库存业务交给美国本土的主要合作伙伴，由两家大的图书批发商英格拉姆（Ingram）和贝克泰勒（Baker&Taylor）来负责仓储和配送。

客户在亚马逊网站下达图书订单后，畅销的图书品种直接从亚马逊的仓库里发货配送，非畅销的图书品种，则由英格拉姆和贝克泰勒这两家公司在全美各地的物流中心配送。在其他商品配送方面，亚马逊将美国境内的配送业务，委托给美国邮政和联合包裹快递公司（UPS），将国际物流业务委托给国际海运公司等专业物流公司，这样既可以减少仓储物流成本，又能充分利用专业物流公司的优势。

比如，亚马逊采取“邮政注入”的做法，将订单处理和配送业务外包给美国邮政。亚马逊公司用卡车将商品从各个配送中心运到美国邮政在各城市的邮局，绕开邮政系统多层次的处理环节，直接由美国邮政在各地的邮局投递给顾客，靠这种“邮政注入”方式节省物流运费。这项订单外包业务策略，使亚马逊在 2001 年的销售高峰期比前一年减少了约 4000 名配送人员。

这样的安排，对于亚马逊而言提高了库存的效率，节约了不必要的物流成本支出，对于负责仓储和配送的中间商而言，也增加了一项颇有收益的业务。双方原来的竞争关系转化为商业利益上的互补关系，不失为一种双赢的经营策略。

（2）组合包装。

为了对物流体系和供应链进行改进与整合，亚马逊革新了物流系统，按照不同的商品，分别设立不同的配送中心。这样有利于提高配送中心的专业化作业程度，使作业组织简单化、规范化，不仅提高了配送效率，而且能降低物流配送的管理和运营费用。

对于一份订单包含不同类别多件商品的情况，亚马逊采取“组合包装”的策略，以扩大运输批量。因为库存的原因，亚马逊一份订单订购的不同类别商品，可能需要由该公司在美国不同地点的运营中心发出。

亚马逊在接到客户订单后，需要查询库存，采取从其他地区运营中心调货，或者是向供应商订货的办法，这样可能会造成同一张订单上商品，有的可以立即发货，有的需要客户等待。

对于这种情况，亚马逊的销售系统在客户下单时会建议客户分开下单，或者在客户下单后，将同一份订单内不同时段送达的商品分别送货。按照这个策略，承运人在发货时，就可以将来自不同顾客、相同类别的现货商品，配装在同一货车内发运，从而缩短顾客订货后的等待时间，在提高运输效率的同时，也降低了运输成本。

（3）完善配送信息。

在配送服务方面，亚马逊进一步完善配送信息。客户在亚马逊网站确认订单后，即可立即看到亚马逊销售系统显示的订单状态，预计发货日期和送达日期，以及后续的配送企业信息和联系方式等，缓解客户在等待送货的过程中因为看不到配送信息而可能产生的烦躁心理。

三、放长线，钓大鱼

节约物流成本不仅是亚马逊扭亏为盈的重要因素，也是亚马逊实行免费配送让利于消费者，从而扩大客户群体的竞争策略得以执行。

在 2001 年至 2002 年期间，亚马逊先后 3 次调低免费送货的最低消费金额，从 99 美元、49 美元降低到 25 美元。2005 年，亚马逊又推出客户缴纳 79 美元，小额商品一年内无限次送上门的定额运费优惠措施——“亚马逊优惠”（Amazon Prime）。

亚马逊对于客户以小额订单、较低消费标准即可免费送货的策略，实现了销售的提升和客户群的稳定发展。这也表明，电子商务企业可以将物流服务作为有力的市场竞争武器。

1.免费送货服务

2001 年 11 月 22 日，亚马逊宣布，作为假日优惠促销活动的一部分，亚马逊将对每一份购物满 99 美元的客户订单，给与免费送货服务，这项优惠措施名为“超级免运费配送”（Free Super Saver Shipping），促销活动时间截至到 12 月底。为了获得良好的市场反应，亚马逊公司向客户发送电子邮件以宣传该计划。

2002 年 1 月 22 日，在亚马逊首次宣布财政季度盈利的同一天，亚马逊又宣布，将永久性延长其假日优惠活动期间推出的购物满 99 美元免费送货服务。

按照亚马逊的毛利率来估算，每 100 美元的订单，亚马逊的销售利润在 25 美元左右。如果免去通常标准的 6.99 美元运费，亚马逊每 100 美元的销售利润，就会下降到 17 至 18 美元。对于销售商来说，这是一笔相当可观的让利。

对于这种优惠，贝索斯说："这绝对是一场赌博，但这是一场经过周密计算的赌博。"他说："这是一笔大买卖，对公司来说是非常昂贵的，在短时期内对公司来说是一项大的投资。但是，我们认为这对新的商业销售是一个重要的驱动力量。"

2002 年 6 月 18 日，亚马逊再次调低免运费的标准，对于购物满 49 美元的订单，即给予免费配送。亚马逊当时宣称，这项新的价格措施将试行 3 到 6 个月。这是亚马逊在过去的 11 个月里第四次采取降价措施。

2001 年 7 月，亚马逊对于定价 20 美元以上的图书，给予 30% 的价格折扣；2002 年 1 月，购物满 99 美元的订单，可享受免费配送；2001 年 4 月，亚马逊宣布对定价 15 美元以上的图书，给予 30% 的价格折扣，同时，价格优惠政策也延伸到其他产品，如畅销的 CD 音乐光盘和 DVD 视频光盘、电子产品和工具等多类商品。

对于这项新的优惠政策，贝索斯说：

> 亚马逊正在努力为客户降低价格。我们希望看到客户对于这项 49 美元的超级免运费配送的反应，我们希望将其制定为永久的政策。

2002 年 8 月 26 日，亚马逊又推出了新一轮降价措施，这次是把客户订单免费送货服务的标准降低到 25 美元。对于这项看起来有些激进的物流配送优惠计划，贝索斯在声明中自信地表示：

> 现在亚马逊购物的价格水平已经低于传统商店。在传统商店购物可能有各种原因，但绝对不是价格的原因。

对于用免运费的物流配送作为促销手段，美国沃顿商学院（The University of Pennsylvania Wharton School，宾夕法尼亚大学沃顿商学院）教授大卫·贝尔（David Bell）提出了一个有趣的现象：很多人宁愿选择免费送货以节省 6.99 美元，也不愿购买打折产品而节省 10 美元。

贝尔指出，消费者喜欢免费送货服务，可能是由于免费送货使网上交易更能与社区商店的购物成本进行比较。不论什么理由，有一点很清楚，那就是当电子商务网站向客户收取送货费时，客户的消费行为就会发生变化。如果网站收取送货费，消费者就可能减少购物次数，每次购买的商品数量也可能会增加，就像那些开车较长时间到某个商店购物的人，会一次性购买很多东西储存起来一样。另一种情况是，送货收费也可能导致消费者选择离开。

2.赢得长期客户

事实上，不论是传统商务，还是电子商务，在信息时代，消费者拥有更多选择权。在这种前提下，客户是商家最宝贵的资源，而比拥有客户资源更重要的，是拥有长期的客户资源。

亚马逊在三次调低免费物流配送的购物标准之后，再次用物流服务策略提升自己在网络购物市场的竞争力，这一次是推出了小额订单收取年度定额运费的“亚马逊优惠”（Amazon Prime）。

2005 年 2 月 3 日，亚马逊公司向其会员推出了“亚马逊优惠”方案，会员每年交纳 79 美元，即可享有任意金额、任意次数的小额订单两天内送达的免费配送服务。加入“亚马逊优惠”的客户付款后，享有一个月的免费体验期，在校学生用户则享有最多为期 4 年的半价优惠，每年只需要交纳 39 美元。

凡是加入“亚马逊优惠”的会员，除了享有一年期不限次数的两天送达配送服务之外，还可以不限量免费观看“亚马逊优惠”提供的在线电影和电视剧节目，而且这些节目大多为亚马逊独家拥有的。

后来，随着亚马逊推出自有品牌的 Kindle 电子书阅读器和平板电脑产品，“亚马逊优惠”相应增加了免费借阅电子书的服务，即 Kindle 用户每月可免费借阅一本电子书。

截至 2013 年 4 月，“亚马逊优惠”为客户提供的配送商品达到 1500 万种，免费在线观看的影视剧节目超过 3.8 万个，超过 30 万本电子书可以没有归还期限地免费借阅。

“亚马逊优惠”加入免费图书借阅的内容，使得这项业务取得了相比提供流媒体影视剧节目的互联网企业如 Netflix（一家在线影片租赁提供商，以月租费的方式提供超大容量的 DVD 影片租借和影视剧在线观看）等更多有吸引力的内容。

随着移动互联网的普及，智能手机和平板电脑用户数量迅猛增长，“亚马逊优惠”的客户群体也迅速增长，这项原本是为培养长期客户而制定的价格优惠的物流服务，除了发挥其物流服务促进销售的优势外，也正在为亚马逊新的移动用户市场和数字出版市场培育客户群体，正可谓是“放长线，钓大鱼”。

2013 年 3 月 18 日，美国《时代》周刊撰文称，“亚马逊优惠”不仅大幅增加了客户的购物金额，甚至让很多消费者放弃从实体店购买商品的习惯。按照现有增速，“亚马逊优惠”的会员数量，到 2017 年有望达到 2500 万人，甚至给整个零售行业带来一场巨变。

在这篇题为《亚马逊优惠，超乎任何人想象的强大和利润》的专稿中，《时代》周刊评论说，亚马逊的竞争对手可能包括所有的零售商，但是它们现在都会恐惧这家世界最大电子商务企业的“亚马逊优惠”服务，这项服务为会员免费提供无限次两天送达订购商品，吸引用户在亚马逊上显著增加消费。不到两年的时间，“亚马逊优惠”会员就实现了倍增。分析机构预计，到2017年，这个数字还将再增加一倍。

《时代》周刊援引美国投资研究机构“晨星和消费者智能研究伙伴”（Morningstar and Consumer Intelligence Research Partners，简称CIRP）的估算数字称，亚马逊的金牌会员目前约为1000万人。在2011年秋季，这项服务的会员仅为400万人，到2012年初已经接近700万人。

“亚马逊优惠”的会员数之所以增长迅猛，很大程度上得益于亚马逊在Kindle Fire平板电脑上开通了这项服务的免费试用，即便如此，增长的效应也非常显著。“晨星和消费者智能研究伙伴”在报告中预计，到2017年，亚马逊金牌会员将达到2500万人。

《时代》周刊引用《商业周刊》(*Bussiness Week*)2010年的一篇报道说：

> “亚马逊优惠”服务推出不到3个月，就实现了收支平衡，完全出乎亚马逊公司的预料，他们原计划需要两年才能实现收支平衡。原因在于，加入“亚马逊优惠”的会员，每年的购物金额是普通用户的150%。由于在交纳了79美元的年费后，享受不限次数的免费送货，这些客户下订单更加频繁，他们会趋向于订购以往不在网络购物中购买的商品，因此，很多人已经不再到实体商店里购买电池或咖啡豆等日常用品，这是“亚马逊优惠”让竞争对手最感到担忧的事情。亚马逊的价格本来就很有竞争力，如果物流配送费用不再是问题，那么，“亚马逊优惠”的会员在购物时，必然首先选择到亚马逊网站下订单，甚至，当他们在其他电子商务网站或是实体商店看到中意的商品后，还是会选择到更有价格优势以及免费物流配送的亚马逊网站去订购。

这份专稿接着引用《连线杂志》（*Wired*）的观点指出，即使“亚马逊优惠”将年费下调到50美元，亚马逊从会员消费中赚到的利润，仍可能远高于普通用户。当越来越多的消费者发现，用这样少量的会员费就可以换取全年无限次两天免费配送的服务，对自己非常划算，这种降价措施就很有可能显著提升“亚马逊优惠”的会员数目。这样的大幅降价，可能给整个零售行业带来一场巨变。

《时代》周刊评价说，亚马逊一向以激进的定价策略著称，亚马逊似乎更乐于接受利润微薄而交易量大的销售业务。杰夫·贝索斯有句口头禅：“你的利润就是我的机会。”他的公司一向都看重更大的销量和吸引更多的用户，更加廉价的“亚马逊优惠”服务恰好可以一举两得。

四、机器人来了！

2012年12月28日，亚马逊公司发布的报告显示，在2012年11月26日的“网络星期一”购物热潮中，全球消费者通过亚马逊网站购买了超过2650万件商品。如此密集的订单数量，对于物流配送，意味着越来越繁重的工作量。

电子商务的信息流，可以通过互联网络和企业内部的信息管理系统来自动处理，而仓储物流的工作量增长，势必与电子商务企业的订单数量增长成正比。与此相对应的是，欧美媒体已经开始对负责仓储物流的亚马逊运营中心工人的环境和待遇等问题，提出了非常尖锐的批评。

为了应对仓储物流日益加重的巨大工作量，亚马逊进行了新的战略收购，以自动化的Kiva机器人系统，减少物流人员的工作强度，在技术革新的基础上，提高订单的履约效率。

2012年3月20日，亚马逊公司宣布以7.75亿美元收购仓储机器人公司 Kiva Systems，这家公司销售自动仓储分流设备，为物流企业加速拣货、识别和搬运提供服务。亚马逊在此前收购的网络鞋店 Zappos.com 和婴儿用品网站 Diapers.com，已经在使用这家公司的机器人系统。

与此对应的是 2013 年 2 月 28 日，《每日邮报》（*Daily Mail*）就亚马逊运营中心在英国雇佣工人的工作环境和工作待遇问题，提出了强烈置疑。

即便是如此庞大缜密的仓储物流系统，也面临着重重考验。

1.跨越大西洋的批评

《每日邮报》在这份标题为《亚马逊的人类机器人：这就是英国工场的未来？》的报道中说，这些位于亚马逊在英国斯塔福德郡（Staffordshire）

的亚马逊仓储工人，每天搬运货品需要绕着库房步行 15 英里，他们的一举一动，都被计算机系统牢牢监视，以防止偷盗物品的行为，以致于一些鲁吉利地区（Rugeley）的居民说，这里的工作环境像一座奴隶营。

《每日邮报》描述亚马逊运营中心的劳工状况时说，在相当于 9 个足球场面积的库房里，数百名穿着橙色马甲的工人推着手推车，不停地扫视着手持的卫星导航终端屏幕，按照计算机系统指定的线路去分拣货品。这些手持设备也在计算他们的工作量，工人们在这里一天的步行距离在 7 英里到 15 英里。当他们结束 8 小时的工作回家，或者在 30 分钟的午休时间到员工餐厅用餐前，都必需通过一套类似机场安检系统的扫描设备，以证明工人在工作岗位上没有偷窃任何东西。

这份报道指出，鲁吉利地区的很多人，都对亚马逊提供的工作环境和无保障的雇佣制度感到失望。

网络购物在英国的兴起，使得越来越多的服务工作从街面店铺转入到像亚马逊运营中心这样的库房中。在经历了 2008 年之后长时间的经济萧条后，亚马逊承诺在英国进行超过 10 亿英镑的投资，创造至少 2000 个长期就业岗位。

《每日邮报》举例说，一开始，几乎鲁吉利地区所有的失业人员都看好亚马逊的工作机会，54 岁的克里斯 · 马丁通过互联网申请亚马逊的工作岗位。当他通过亚马逊的包括药物和酒精测试在内的招聘程序后，他感到非常高兴。

他的招聘程序是由亚马逊委托的一家全球劳务服务机构任仕达集团（Randstad）来进行的，这家机构也为马丁安排了仓库工作的夜班，只付给他接近最低工资标准的报酬。如果在这里连续 3 个月表现良好，他可以申请成为亚马逊的正式员工，否则就没有任何保障。

克里斯 · 马丁说，他到这里不到一周的时间就失去了工作，在因为流感休息了一天后，当回到岗位上时，他发现夜班班次已经迅速被取消了。

任仕达集团将这种制度称为“独家服务客户并优化人力资源与效率成本的弹性工作解决方案”。

《每日邮报》披露，在亚马逊的这座仓库内，亚马逊公司的正式员工佩戴蓝色徽章，任仕达集团招募的员工佩戴绿色徽章，工人们的职责和报酬都一样，每小时工资 6.20 英镑，而英国的最低工资标准是每小时 6.19 英镑。所不同的是，亚马逊的正式员工享有养老金和公司的股份。

《每日邮报》报道中提到，亚马逊的信息系统通过收集汇总数据，利用员工手中的卫星导航手持终端，可以优化拣货的行走线路，以便推着手推车的员工按照最有效的线路去工作，即便如此，员工的步行距离也太过漫长。

一名鲁吉利地区的新员工，在亚马逊的仓库上了几天分拣货品的班次后，感到自己的身体都快要僵硬了。这里的亚马逊营运中心经理说：“你们就像是一种机器人，以人类的形式，如果你们愿意，这可以叫做人类自动化。”

《每日邮报》对于亚马逊物流岗位工人的工作环境和待遇的批评不可谓不尖锐，作为企业在海外投资，理应严格遵守当地的法律。虽然亚马逊和委托的招聘与管理的劳务机构看起来并没有做什么不合法律的事情，媒体依然可以通过放大细节和深究内幕等手段，把批评对象从社会责任层面说得一无是处。

2. 摊上大事了？

亚马逊的麻烦还不止于此。

2013 年 5 月 1 日，美国宾夕法尼亚州《阿伦敦早报》（*Allentown Morning Call*）的报道称，亚马逊在美国宾夕法尼亚州布瑞尼格斯维尔（Breinigsville）地区的仓库工人提起诉讼，索赔大约 1 亿美元的工资和罚金。

代表工人起诉的律师说，亚马逊的仓库工人每天需排长队通过安检设施，以核查他们是否偷窃了库房里的物品，而这段耗费的时间没有计入按小时计算的工资。通常在每年年底销售的高峰季节，亚马逊会大量聘用在物流仓储部门工作的临时工，这名律师估计，有权利向亚马逊提出类似索赔的工人，累计大约有 10 万人。

《阿伦敦早报》引述此前的实例说，在 2010 年内华达州一起类似诉讼案中，两位亚马逊工人说，他们每天花费在安检的时间大约在 25 分钟左右，亚马逊应该为这段时间的耗费支付工资。2011 年，内华达地区法院驳回了这两位工人的诉讼请求，认为工人无权就通过安检程序的时间耗费要求经济索赔。但是联邦第九巡回法院支持了此案的上诉，认为亚马逊的工人应该就此得到“合理的救济”。

显然，即使像亚马逊这样的电子商务巨头企业，其仓储物流的管理和与之相关的劳工权益问题，仍然可能成为未来在线零售业务成长的“瓶颈”。仓储物流能力的扩张，必须要与销售业绩的急速增长相适应，相对的，实在的劳动工作量必然会有增长。此外，亚马逊的物流扩张，还不得不面对关于仓储物流业劳工的权益和待遇等问题，包括媒体的讨伐和有关的维权诉讼。

亚马逊投入 7.75 亿美元收购仓储机器人公司 Kiva Systems，显然意在提高仓储物流工作的自动化水平，节省人工劳动的强度和密度，以应对未来业务增长对于仓储物流环节造成的更大压力。

Kiva 仓储机器人分为大、小两种型号，小型的仓储机器人可以举起 1000 磅的货物，大型的可以举起 3000 磅的货物。两种机器人的外观都采用醒目的橙色，最高行进速度为每秒 1.3 米，与普通工人的步行速度接近。Kiva 仓储机器人通过内置的贴近地板的摄像机，读取贴在地板上的条形码标记，由无线的服务器经信息处理软件发出指令。Kiva 仓储机器人按照指令的方位，把指定的装满货物的货架举起后送到包装车间，交给工人进行分拣包装，再把货架放到不妨碍其他货物运输的位置。

以往，这样的拣货程序都需要工人推着手推车来进行，货品通过传送带运输，移动货架需要用铲车。据估算，使用 Kiva 仓储机器人的仓库，可以降低 60%~70% 的人工劳动量，并显著提高货品分拣的效率。

这样的仓储机器人系统价格不菲，初装一套机器人系统需要 100 万到 200 万美元。一座大型仓库需要 1000 个仓储机器人，总投资大约 1500 万到 2000 万美元。安装这样一套仓储机器人系统，需要 6 个月左右的规划时间，还需要给亚马逊运营中心的物流经理培训操作仓储机器人的方法。

总之，亚马逊部署 Kiva 仓储机器人的成本可观，但是当该系统就位后，会显著提高运营中心分拣货品的效率，节省时间和成本。

第5章

全新客服

一、不见面的客服

作为电子商务企业，亚马逊客户服务中心的员工，其主要工作是通过电子邮件与客户联系，电话联系是辅助手段，电子邮件联系是首选方式。包括贝索斯在内的所有员工，每两年要到客户服务中心工作两天，增加对顾客需求的直观了解。

亚马逊的客服中心最初设在西雅图的公司总部，1999 年底搬到华盛顿州西部的塔科马市（Tocoma）。在这里，密密麻麻的格子间里设置了 500 名客服代表坐席，这些客服代表通常工作任务繁重，且工资不高。

兼职的大学生最适合担当这样的岗位，因为他们对于图书和阅读有着良好的习惯，更擅长从长长的书目里挑出客户想找的图书。很重要的是，大学生对于兼职工作的待遇不会很挑剔。

亚马逊给客服代表的工资大约是每小时 10~13 美元，并且有晋升和分配股票等看似不错的前程。同时，客服中心的工作任务非常繁重。客服代表要按照一些既定的设置方式和表述内容，针对客户咨询的事情，添加必要的信息后，回复电子邮件给客户。工作出色的客服代表，通常每分钟可以回复 12 份电子邮件。那些工作迟钝的员工，也就是每分钟回复电子邮件少于 7 份的客服代表，则很可能被亚马逊解雇。

1.服务从域名开始

事实上，客户服务中心只是亚马逊客户服务的一小部分。电子商务的客户服务工作，绝不能从客户服务中心开始。贝索斯曾说：

> 当你觉得需要客户服务的时候，已经为时已晚。最好的客户服务是消费者不用给你打电话，客户不需要和你沟通，就能完成整个交易流程。

亚马逊客户服务的基础是全方位、全过程发掘客户的潜在需求。无论产品还是服务，都注重深入发掘客户需求，研究顾客需求和消费过程中遇到的问题，然后采用逆向工作法，以此倒推企业的工作流程和服务细节，对工作流程中不恰当的地方加以改进和创新，并以此制定相应的新策略。

企业的发展不是盯住竞争者，而是盯住客户需求。贝索斯经常在公司开会时留下一把空闲的椅子，然后提醒他的下属，“坐在这把椅子上的消费者，才是这里最重要的人”。

电子商务的客户服务，实质上是运用互联网传播和信息资源建立虚拟卖场，通常情况下，交易过程中，卖家与客户是不见面的。在电子商务模式下，表面上的客户服务，是通过网络通信工具和客服电话来进行的。实质上，对于网络购物的客户而言，电子商务所做的客户服务，必需贯穿交易的全过程，从方便客户记住网站的域名，到完成商品配送，以及有可能发生的关于售后服务问题的争议处理。

传统商务的客户服务重点，在于商家与顾客的人际交流环节，而电子商务的客户服务，应该是先让客户牢记自己的域名。

贝索斯 1994 年为规划中的电子商务企业设计的域名“Cadabra.com”，就不容易被客户记忆，而且其读音有可能让客户误听为“尸体”（cadaver.com）。

改用 Amazon.com 这一域名之后，由于借用了众所周知的一条著名河流的名称，显著增加了域名的传播效率。

这一新的域名，不仅体现出电子商务网站向客户提供从字母 A 到 Z 的丰富商品这一内涵，在当时互联网站以字母顺序作为默认排序方式的前提下，字母 A 开头的域名，使亚马逊更容易被用户看到。

2011 年，亚马逊将“卓越亚马逊“更名为“亚马逊中国”，同时针对中国用户推出了“亚马逊中国”网站最短的域名“Z.cn”。随后，京东商城（360Buy.com）也在 2012 年推出了短域名“JD.com”，这无疑证明了电子商务的客户服务，其实从域名的传播和记忆阶段就已经开始了。

2.留住客户的奥妙

在传统商务环境下，即便是在同一个商业街区，顾客转换一家店铺，最少也需要几分钟时间。因此，顾客对于大体相同的商品，通常只进行价格上的比较和选择。而且，由于商品品牌、规格，商户的商誉和店铺的位置千差万别，顾客往往也没有足够的耐心去判断和识别其中的价格差别，卖方与买方存在着明显的信息不对称。

在信息不对称的环境下，顾客通常会对不熟悉的购物行为选择随机消费，对于熟悉的购物行为选择定点消费。在这样的消费环境下，以沃尔玛为代表的超级市场，主要以众多商品的价格优势赢得客户；以国美为代表的直营连锁店，主要以集中了专业领域商品的专业优势赢得客户；以麦当劳为代表的加盟连锁店，主要以消费环境的服务优势赢得客户。

在电子商务环境下，网络购物的消费者从一个商家转换到另一个商家，最多只需几十秒的时间。借助搜索引擎和购物网站的内部检索，价格信息对于顾客来说是透明的。如何吸引顾客浏览商品和采购下单，进行支付和达成交易，使“顾客”成为“客户”，这就需要电子商务企业以客户利益为中心进行长期建设，以产品策略、价格策略、促销策略与售后服务等要素构建优秀的客户服务，不断丰富和完善客户体验。

对于电子商务企业来说，最好的办法是从客户浏览自己的购物网站开始，用全过程、全方位的信息服务，尽量减少客户因无法了解商品细节而向客户服务中心咨询，或者因为商品销售信息、品质保障、配送服务、支付环节等某一方面出现问题投诉到客服服务中心的几率。

通过网络销售图书，如何让顾客感受到没有实体的商品所具有的等同于传统实体书店的商品价值？亚马逊不仅尽量提供关于图书的明确详细的出版信息，同时也开放作为反馈信息的客户评论。包括没有在亚马逊网络购买特定图书的客户，只要登陆，就可以发表评论。不同客户的评论有正面的，也有负面的，汇总的反馈信息，就可以提供有效参考，帮助读者作出是否对特定图书感兴趣，进而选择是否购买。随后，亚马逊又开发出在线的“书内阅读”和“书内搜索”功能，读者无需登陆，就可以使用上述两项功能，进一步丰富对图书的直观了解。

正是因为亚马逊通过互联网为客户提供了丰富的图书信息，加之机动灵活的促销手段、价格折扣和减免运费的优惠策略，使得亚马逊的退书率保持在大约 0.25% 左右，远低于实体书店的退书率。

在品类扩张之后，亚马逊把图书营销中针对客户潜在需求的客户服务，也推广到了其他商品销售领域。比如，流行歌手玛利亚·凯瑞(Mariah Carey) 的精选专辑《*Greatest Hits*》，亚马逊不仅延续了销售图书的客户评论，在音乐专辑的商品页面展示出 200 多条客户评论，并且对每首歌提供在线免费试听段落。同时，客户也可以用每首歌曲 0.69 ~1.29 美元的价格，一键下单在线购买 MP3 格式的单曲。

电子商务的客户服务，目的不仅在于促成交易，更深远的意义在于通过良好的用户体验，形成持续的影响力。在这一点上，亚马逊做到了行业领先。

2013 年 3 月，华尔街的互联网数据分析公司 Cowen and Company 对 2500 名美国消费者做了抽样调查，调查发现，亚马逊网站的访问人数超过除了沃尔玛实体店之外的所有传统商务店铺的顾客人数，而访客在亚马逊网站下订单购物的比例，远高于其他竞争对手。

这份调查报告称，在受访的 2500 人里，有 72% 的人在最近 30 天里访问过亚马逊网站，这个比例仅低于同期到沃尔玛实体店购物的人数。受访者群体中，有 80% 到过沃尔玛的实体店，而到沃尔玛网站（Walmart.com）访问过的人数，在调查者中占 48%，到过百思买网站（Bestbuy.com）的访问者占 30%，访问过巴诺书店网站（BN.com）的人数占 14%。

另一项关键数据是购物转换率，也就是访问网站的用户人数，或者是到实体店的顾客人数，与达成购物的人数的比例。在接受调查的人群中，到过沃尔玛实体店的人，有 94% 购买了商品，到过好市多（Costco，美国最大的连锁会员制仓储量贩店）实体店的人，有 88% 购买了商品，到过塔吉特百货（Target）实体店的人，有 87% 购买了商品。而在网络购物的比例方面，亚马逊以 75% 的购物转换率遥遥领先。沃尔玛的网站有 36% 的访客购物，巴诺书店的网站有 35% 的访客购物。

在移动设备消费方面，这项调查结果显示，受访的 2500 人里，有 58% 的人使用智能手机，有 38% 的人到移动商店购买过用于智能手机的第三方应用程序（Application，简称 APP）。其中，有 26% 的智能手机用户通过亚马逊购买过第三方应用程序，在沃尔玛网站和塔吉特百货网站购买过第三方应用程序的人，分别占 12% 和 11%，亚马逊处于领先地位。

更重要的一个数据是：在接受调查的 2500 人中，有 17%“亚马逊优惠”的会员，这就意味着亚马逊已经拥有了相当庞大的长期客户群体。

这份调查报告印证了“服务创造价值”的理念。优秀的客户服务，重在以客户为中心，在不断提升客户满意度的基础上，提升用户体验，培养用户对于商家、品牌和产品的消费习惯。亚马逊在电子商务领域对此有着深厚的理解，也实现了相对更好的客户体验效果。

什么是习惯？本质上说，习惯就是不需要思考的行为。从客户服务的角度看，培养客户对商家、品牌和产品形成消费的习惯，首先要做到从被动服务到主动服务的根本性转变；其次，优秀的客户服务需要从传统商务以售后服务为主，转化为以售前服务和售中服务为核心，将售前、售中和售后全过程服务有机整合，利用信息优势和经营策略的制定和完善，真正做到以客户利益为中心，争取实现最佳的客户体验的目的。

电子商务企业的客服服务中心，只是针对客户意见和投诉的被动服务方式。以亚马逊为例，先是从网络书店做起，首先公开用户对于图书的所有客户评论，提供“书内阅读”和“书内搜索”；通过固化客户登陆后的个人信息，实现“一键下单”；“超级免运费配送”计划，经过3次调整，将免费配送的消费额度降低到25美元；推出固定一年运费为79美元的会员制“亚马逊优惠”，并搭配多种增值服务；为客户提供图书、音像多种预售商品和搭配购物的优惠措施；当客户一张订单包含多件商品，本地库存不足时，进行订单拆分配送与组合包装调剂策略，率先为客户提供第一手的订单跟踪信息等。这些都是亚马逊发掘客户潜在需求，积极推进主动客户服务，完善售前和售中服务的例证。

二、服务即营销

客户在亚马逊首次购物后，再次登陆这个网站，就会看到亚马逊专门为客户定制的个性化主页。个性化主页显示客户的订购记录、浏览记录，以及顾客关注商品的客户评论。根据客户在线购买记录，向客户推荐相关类别的特价商品和热销商品。

这种定制功能，也是亚马逊“一键下单”专利的前提。在固化客户信息的基础上，通过庞大的数据库进行数据分析，为客户提供有针对性的个性化信息服务。

亚马逊的这种信息服务，实质上是运用嵌入式营销手段，将客户服务与营销有效融合，基于客户行为分析来提供个性化的购物信息。

嵌入式营销 (Embedment Marketing) 是一种基于客户价值链的新型营销方式，在对客户行为和价值取向进行分析的基础上，充分考虑到顾客需求，兼顾竞争对手的策略，寻求企业资源与客户需求之间独特的价值匹配，使营销活动为客户创造更多的价值，从而为建立长期稳定的营销关系做好基础性工作。嵌入式营销的实质，是企业与客户建立一种稳固的营销关系。

嵌入式营销体现了现代营销中的客户体验、竞争导向和关系营销三个核心理念。首先，嵌入式营销关注客户体验，在客户满意的基础上，以组合的商品、信息、技术为手段，为客户提供多种方式的增值服务或者超值商品；其次，嵌入式营销的模式是注重关系的营销新思维，将企业自身的营销活动嵌入到客户价值链中，有利于企业与客户建立起长期稳定的营销关系。

亚马逊是一家不断提醒华尔街投资者要牺牲短期利润，注重培养长期价值的企业，并且这家企业愿意为长期的市场利益不惜大量投资。

巧合的是，回顾亚马逊历年来在客户服务方面的开创性策略，无论是创业初期开放的“客户评论”，还是长期会员数量上千万的“亚马逊优惠”服务，几乎都是“嵌入式营销”的生动范例。这些策略对于发掘客户潜在需求，发展长期客户资源，建立企业与客户长期稳定的营销关系，都起到了非常重要的作用。

1. 让人人都可以出版

值得注意的，是亚马逊正在推动的两项客户服务战略。

基于亚马逊的业务已经从单纯的网络零售业向技术服务和消费电子市场转型，为寻求新的业务和利润增长点，亚马逊的客户服务已经不再局限于网络购物过程。亚马逊新的服务战略，一是利用互联网信息优势，建立个人出版平台，通过互联网和亚马逊网络平台，为个人出版者创造图书和音像制品出版的机会；二是为客户提供免费的个人云存储服务。

从2007年起，亚马逊联手美国的企鹅出版集团（Penguin）等机构，联合举办"亚马逊小说突破奖"竞赛（Amazon Breakthrough Novel Award，简称ABNA）。竞赛为跨年度举办，前一年度公布竞赛要求，下一年度评出大奖作品。竞赛采用5轮的竞赛方式，首先由作者提交作品的部分章节，通过亚马逊的编辑选出1000篇较好的作品，这些作品进入下一轮竞争。第二轮选出250篇进入1/4决赛，直到决赛轮次选出一篇大奖作品和4篇一等奖作品，获奖作品给予重金奖励和作品的出版合同。

首次举办的2007–2008年度"亚马逊小说突破奖"竞赛，收到了大约5000部参赛作品；到2012–2013年，这项竞赛的大奖作品奖金为5万美元，4个一等奖奖金1.5万美元。作为从网络书店起步的企业，亚马逊的这项活动，从文化层面提升了企业的知名度，为不知名的社会作者提供了出版作品和扩大影响力的平台。

即使不参加亚马逊的竞赛活动，作者也完全可以在不负担前期出版费用的前提下，出版发行自己的图书和音像类作品。只要通过亚马逊旗下的出版网站（CreateSpace.com），进行注册后，按照要求上传作品，就可以完成出版。出版作品的类别包括图书、DVD、CD、流媒体视频，以及MP3格式的音频文件。

对于通过亚马逊出版图书或者音像制品的作者，亚马逊提供了两种销售渠道：

一种是通过互联网向Kindle电子书阅读器和平板电脑用户提供移动设备下载方式的网络销售，售价由作者自己决定。每售出一件作品，亚马逊可以获得 30% 的佣金，作者获得售价 70% 的收入，并且作者无需负担其他成本。

另一种方式近似于实物寄售。作者使用“亚马逊优势”服务（Amazon Advantage），将自己的图书或者音像制品存放在亚马逊的仓库，并在亚马逊网站发布自己出版物的销售信息，售出后，由亚马逊负责发货配送。每售出一件出版物，亚马逊收取 55% 的佣金。对于这种实物寄售的出版物销售，作者需要注册成为“亚马逊优势”的会员，并缴纳每年度 29.95 美元的会员费。

亚马逊开放的第三方销售平台，对于零散售卖实物商品的用户，在出售商品后，收取每件 0.99 美元的佣金。对于月销售 40 件以上物品的商户，按月度收取 39.99 美元佣金。

相比之下，亚马逊对于个人出版物的发行销售，收取的佣金比例高一些。但是对于作者来说，通过互联网下载的方式出版销售自己的作品，没有前期投入费用，寄售自己的实体图书或者音像制品，也只需按年度缴纳少量的“亚马逊优势”会员费，换来的是利用亚马逊平台销售自己创作的文化产品，这仍然是一个非常有吸引力的选择。

从长期效果看，亚马逊建立个人出版平台，为社会作者提供出版、销售图书和音像制品服务，扩大了企业的影响力，吸引更多文化出版业务领域的客户，是服务与营销融合的一项双赢选择。

更重要的是，随着网络购物和移动应用的普及，无论是图书还是音像制品，个人出版从传统的出版社渠道趋向于互联网渠道，数字化出版将很有可能是未来出版业发展的方向和趋势。如果亚马逊利用免费出版把未来通过互联网出版作品的社会作者聚拢到自己的网络平台，再运用网络卖场和智能移动终端的优势推进销售，将会持续形成一个非常可观用户群。

2. 拒绝撇脂定价

亚马逊的免费服务仍在不断增加。

从2012年11月起，亚马逊网站开始向用户提供个人云存储服务。2013年4月，这一服务向使用苹果移动操作系统iOS的用户开放，并提供5GB的免费使用空间。包括使用微软和苹果操作系统的台式电脑，使用安卓（Android）和苹果移动操作系统（iOS）的智能移动终端设备（手机和平板电脑），均可登陆。只要下载安装一个软件，用户就可以通过简单的拖拽动作，把照片、视频、音频和文本文件，存入到亚马逊的云存储服务器。

与亚马逊云存储直接关联的，是亚马逊的Kindle电子书阅读器和Kindle Fire平板电脑。2012年10月，贝索斯在接受英国广播公司（British Broadcasting Corporation，简称BBC）采访时确认，亚马逊的Kindle系列消费电子产品，采用的是成本价销售策略，也就是说，亚马逊并不打算从自有品牌的硬件产品销售中赚取利润。

贝索斯在采访中说：

> 我们注意到购买了Kindle设备的客户，阅读量比购买之前多了4倍，而且他们也没有停止购买纸质图书。

Kindle系列产品以成本价销售，这与苹果公司一贯采用的高定价策略截然不同。苹果公司的定价策略是“撇脂定价”（Skimming Pricing），又称高价法，即将产品的价格定得比较高，尽可能在产品投放到市场的初期，在竞争者研制出相仿的产品之前，尽快取得可观的利润。

苹果公司在2001年10月推出的第一代iPod音乐播放器，零售价高达399元美元，即使对于美国消费者来说，也算是价格不菲。但是，因为苹果有很多充满时尚元素的消费电子产品追随者，他们大多消费购买力强，并且对价格不敏感，所以还是有不少人慷慨解囊。

iPod音乐播放器的撇脂定价策略取得成功后，苹果公司如法炮制，在后续的iPod系列产品，超薄笔记本Macbook，平板显示器的台式电脑iMac，触屏手机iPhone，平板电脑iPad，继续沿用了高定价的策略。

对比苹果公司的撇脂定价策略，亚马逊显然希望通过Kindle系列产品作为移动应用的媒介终端，向用户提供更多电子图书、视频节目的点播和下载，用更有竞争力的价格，最大化地发展客户群体。

此举延续了亚马逊注重长期价值的战略。对于迅速增长的智能移动终端用户来说，低价建立了一个在优化服务基础上的长期稳定的营销关系。

对于电子商务企业来说，没有什么比长期稳定的客户资源更重要。亚马逊推出的个人出版平台、个人云存储服务和成本价销售自有品牌智能移动终端产品，意在运用与整合强大的云计算能力，丰富的出版资源和智能移动终端应用，来占据电子商务未来发展的先机。

3.长尾效应

电子商务相比传统商务，具有显著的信息优势、规模优势和价格优势，也改变了传统商业的形态和相关的适用理论。传统商务经营适用的是“二八定律”，即商家要通过少数商品的销售，来赚取大多数的利润。电子商务经营适用的是“长尾效应”，即商家可以通过电子商务的信息优势，形成产品的规模效应，为客户提供丰富的产品选择和个性化服务，通过小利润的非流行商品销售，聚沙成塔，形成长期的显著的经济效益。

二八定律又名帕累托定律（20/80 Principle，Pareto Principle）是 19 世纪意大利经济学家维尔弗雷多·帕累托（Vilfredo Pareto）总结提出的经济理论。1897 年，帕累托分析 19 世纪英国人的财富和收益模式，发现大部分财富流向了少数人手里，社会上 20% 的人占有 80% 的社会财富，当然这个比例并不完全精确。同时，人们还发现生活中存在许多不平衡的现象，比如空气中，氮气占 78%，氧气及其他气体占 22%，因此，二八定律成为这种不平等关系的统称。

帕累托指出：

> 在任何特定群体中，重要的因子通常只占少数，而不重要的

因子则占多数，因此只要能控制具有重要性的少数因子，即能控制全局。

这个理论应用到传统商务领域，就是企业80%的利润来自20%的重要商品，其余20%的利润来自80%的非重要商品；在客户关系上，企业80%的利润来自20%的大客户，其余20%的利润来自80%的普通客户。在市场营销中，企业出于提高效率的考虑，习惯于把精力放在那些数量少，但是能够提供绝大部分利润的重要商品，以及致力于能够提供绝大部分重要利润的大客户方面的服务。

相对于传统商务奉行的“二八定律”，电子商务则更适用“长尾效应”理论。长尾效应也称长尾理论（Long Tail Effect，Long Tail Theory），是美国《连线》杂志主编克里斯·安德森（Chris Anderson）于2004年10月在该杂志上提出的经济理论。安德森认为，只要渠道足够大，非主流的、需求量小的商品销量，也能够和主流的、需求量大的商品销量相匹敌。

长尾效应体现在电子商务领域，就在于互联网提供的电子商务，形成了最大规模的商品选择和最长周期的市场，以及针对客户需求，包括价格折扣和信息服务等元素的个性化服务，把零散的和小利润的非流行产品的销售积少成多，形成具备规模和持久的经济效益。

对于互联网的发展，长尾效应理论具有里程碑式的重要意义。通过互联网的扩展和延伸，电子商务可以突破传统经济学意义上的很多束缚，这也就为电子商务企业提供了企业定位和发展战略的思路和依据。

安德森对于“长尾效应”提出过三项法则：

（1）让所有的东西都可以获得。

（2）将价格减半，让价格更低。

（3）帮我找到它。

4.选择即商机

传统经济学奉行的理论，是资源稀缺前提下的稀缺经济学。“二八定律”体现出典型的供给方规模经济，即用户的购买行为并不完全反映需求，畅销产品的销售量大，并不等同于需求也同样大，只是供给方看重畅销产品的利润，使得畅销产品占据了大部分市场，从而限制了人们的选择权。

比如，在大部分超市的碳酸饮料中，消费者只能看到可口可乐和百事可乐两家企业的商品，因此，碳酸饮料市场就成为这两家企业竞争的平台。这种现象并不说明消费者只认同这两家企业的碳酸饮料，而是因为商家看重这两个品牌的碳酸饮料销量稳定，售价和利润也相对其他品牌更高，因此选择出售可口可乐与百事可乐这两种商品。实际上，是传统商务的运作模式限制了消费者的选择权。

“长尾效应”的理论基础，是资源丰富为前提的丰饶经济学，市场的基本形态已经从传统经济环境下的供给方市场，转型为信息经济环境下的消费者市场。随着社会经济发展和以信息化为代表的科技水平的提高，从宏观来看，商品市场在不断地细分，消费者越来越多地具有追求个性化的需求。电子商务以虚拟卖场和信息服务的方式销售商品，为最大限度地提供丰富的商品信息创造了条件，所以，消费者对于所有的商品都存在需求的可能。

传统商业需要的是注重从少数商品赚大钱，在较短的时间周期里，从少数重要的客户赚取最大的利润。电子商务则是从最大多数商品里赚小钱，但是要在较长的周期里赚很多人的钱，这就是明显的长尾效应。

以图书为例：巴诺书店的实体店最多能提供 25 万种图书，而亚马逊网络书店在开张后不久，就可以提供上百万种图书书目。传统书店里库存较多的滞销图书，意味着成本的增加和销售收入减少。网络书店运用虚拟卖场，以提供图书信息而不是实体图书的方式，体现出了电子商务的信息优势、规模优势和价格优势。

图书行业中，单本图书的毛利润较高，难点在于除了少数畅销书以外，大多数图书在短期内很难找到自己的目标读者。因此，在传统商务环境下，大部分图书只能在书店的货架上摆放几个月，之后由书店将未售出的图书退回出版商，以腾出货架和库存空间，让位给新出版的品种。在长期以来，出版商和传统书店经营都是以畅销书为中心，少数畅销书为书店和出版商贡献了大部分的利润，这也是“二八定律”在传统商务中的体现。

以亚马逊为代表的网络书店，则为那些种类繁多的小众图书提供了互联网销售的“长尾效应”。总体数量丰富的小众图书，可以不受限制地以提供信息的方式长期在互联网上销售，哪怕单一品种的非畅销书只售出几本，数百万种非畅销书的利润积累，足以匹敌那些热门的畅销书。

这就意味着在电子商务环境下，长期以来信奉“二八定律”的少数关键客户，已经不能为企业创造绝大多数的销售收入。原来的少数畅销商品，也不能保证为企业带来绝大部分的销售利润。

通过互联网的传播，在信息和价格都空前透明的前提下，客户拥有比传统商务环境下丰富得多的选择权，企业必需尽力为客户提供丰富的产品选择和个性化服务。

电子商务企业实现“长尾效应”，就是要体现出以客户利益为中心的长期建设，充分发挥电子商务的信息优势、规模优势和价格优势，以全方位的精细化管理，融合科技创新，塑造不断丰富和完善的客户体验。

实现“长尾效应”要关注以下几点。

（1）从信息方面，提供最大化的商品选择，形成在线销售商品的规模效应。

（2）从物流方面，尽量分散库存和高效配送，以高效和节俭的物流配合在线销售。

（3）从客户服务方面，充分挖掘客户的潜在需求，提供个性化的消费参考信息。

（4）从传播渠道方面，采用多种方式，充分发挥智能手机、平板电脑等移动终端在日益增长的智能移动用户群体中的重要作用。

三、本土化策略

本土化策略的实质，是跨国公司将企业的组织管理和经营策略，积极融入到所在国的政治环境、经济环境、法律环境，特别是当地社会文化之中。在这个过程中，通过研究当地的商业文化传统、消费者习惯、消费心理和消费偏好，有针对性地制定服务策略，从而赢得广大消费者的认同。

截至 2013 年 5 月，亚马逊中国在内地已建立起 15 个运营中心，主要分布在北京、上海、广州等人口密集，商流和物流发达的一线城市。运营中心总面积超过 70 万平方米，是亚马逊公司在美国本土之外最大的运营网络。

一方面，亚马逊对于中国市场展开了规模庞大的布局，显然是看好中国市场的长期价值；另一方面，在 2012 年中国从事网购零售业的电子商务企业中，亚马逊中国的销售收入仅有大约 104 亿元人民币，与排名第一的淘宝天猫（Tmall.com）销售收入（加盟商户的总销售额）约 2194 亿元，排名第二的京东网（JD.com）销售收入约 758 亿元的业绩相比，亚马逊中国的销售业绩相差甚远。

通过营销策略和客户服务打造满意的客户体验，是亚马逊在美国获得成功的秘诀。但是，这并不说明海外电子商务企业只要把以往的成功经验照搬到中国市场，就可以无往不利。作为全球最早的在线用户交易平台电子商务企业电子港湾（eBay.com），曾经在中国投入巨资，整合的“eBay

易趣”一度占有在线用户交易 90% 市场份额，但是在不长的时间内，却被中国本土的竞争对手淘宝网（Taobao.com）后来居上而彻底打败。

亚马逊中国在名称还叫做“卓越亚马逊”的时候，也出现过因商品标价错误，企业单方面取消客户订单引发两起纠纷，激起了部分客户的不满，显示出亚马逊对于中国市场缺乏本土化策略、水土不服的迹象。

1.eBay易趣败走中国

互联网的传播力量，加快了企业运营、销售和服务的积极成果，同时也放大了企业不成功策略在网络营销的消极影响。由于本土化思维缺失导致的一系列服务策略失误，在中国国内的电子商务领域可以说屡见不鲜。

美国最大的在线用户交易业务电子商务公司电子港湾（eBay.com），出巨资在中国打造“eBay 易趣”网站，但在短短两三年内，就完败于立足本土化的淘宝网。

1999 年 8 月 18 日，易趣网（Eachnet.com）在上海一个两居室的民宅内创立，主营在线用户交易和在线拍卖，创始人邵亦波、谭海音是当时仅有的两名员工。这两位美国哈佛大学商学院的毕业生，在获得 40 万美元的风险投资后，面对的是看起来海阔天空，几乎完全空白的在线用户交易和拍卖市场。

2000 年 1 月，中国互联网络信息中心发布的第 5 次《中国互联网络发展状况统计调查》显示：易趣网以最高票数位居国内拍卖网站之首，成为当时国内最受关注的拍卖网站；2000 年 2 月，易趣网在全国首创 24 小时无间断热线服务；同年 5 月，易趣网并购 5291 手机直销网，开展网上手机销售，当时手机用户正处在用户数量爆发式增长的阶段，易趣网借此商机名声雀起，业务量、客户群和销售收入增长显著；2002 年 3 月，易趣网获得电子港湾 3000 万美元的注资，双方达成战略合作伙伴关系；同年

6月12日，易趣网获得美国电子港湾追加的1.5亿美元投资，被美国电子港湾完全控股，成为美国电子港湾的中国分公司，当时的网站客户数量达到690万人。

截至此时，易趣网的竞争对手淘宝网还根本没有出现。

在美国电子港湾2002年6月完全控股易趣网近一年之后，2003年5月10日，当时只有一台服务器的淘宝网才悄悄地上线。此时，易趣网在中国内地的在线用户交易市场份额高达90%。如果是在传统商务环境下，如此遥遥领先的市场占有率，看起来完全可以无视任何竞争对手。

淘宝网采取了三项非常符合中国互联网消费者心态和商业环境的客户服务策略，来应对当时看起来毫无胜算的竞争。

一是在营业开始，便向注册用户提供免费开店服务，此举彻底颠覆了“电子港湾”为代表的个人交易网站在数年前就采取的商户有偿发布商品信息，并对成功的销售收取交易服务费的模式，逐渐吸引了大量易趣网（2004年7月更名为“eBay易趣”）用户转到淘宝经营。先是易趣的卖家到淘宝免费开店尝试经营，随着淘宝人气逐渐旺盛，交易逐步增多，很多易趣卖家干脆关闭了在易趣的网店，只做淘宝的网店。

按照易趣当时的收费标准，首先是向卖家客户收取商品登录费1元至8元不等的费用，再以商品最低成交价为计费基数，在每次交易成功之后，收取相应的交易服务费（佣金），价格按商品成交金额从小到大，以2%到0.25%阶梯计价。

比如，客户售出500元的一件商品，易趣按2%计费，收取10元佣金；售价20000元以上，单件商品按0.25%计费收取佣金。

当淘宝网以免费开店的策略快速成长，易趣方面感到了压力，但仍然坚持自己的收费策略，并对外宣称“免费不是一种商业模式”。

到2005年5月1日，eBay易趣实实在在感受到了淘宝的冲击后，半推半就地将收费标准平均下调了75%，并对新卖家每月前5件商品免登陆费；直到 2005 年 12 月，eBay 易趣才推出“免费开店”的价格调整计划。

淘宝的第二个服务策略，是在 2003 年 10 月引入第三方支付工具——支付宝，用担保交易模式，使消费者对淘宝网上的交易产生信任。买方客户在多家银行将信用卡开通支付宝功能后，就可以在订单下达后，将货款从自己的信用卡打到支付宝账户，待收到订购的货物并感觉满意后，在设定的期限内从订购网页上输入密码，同意支付宝放款给卖方客户；如果买方客户对商品不满意，无需卖方客户的认可，买方客户可以直接发起退款申请，支付宝担保货款安全。

支付宝交易是互联网发展过程中的一个创举，也是电子商务发展的一个里程碑。支付宝以安全、诚信，赢得了客户和业界的一致好评，并推动了淘宝在线交易的快速发展。

2004 年中期，淘宝网宣布与冯小刚导演以及刘德华、葛优等明星主演的 2005 年贺岁片《天下无贼》全面合作。借助这部电影的流行，在 2005 年元旦至春节前后，淘宝网在中央电视台等传统媒体上开展了迄今为止最大规模的一次广告攻势。葛优代言的支付宝广告，用了当时大街小巷尽人皆知的一句台词：“黎叔很生气，后果很严重”。用这句台词形容支付宝在线交易和支付的安全性，并用“用支付宝，天下无贼”的广告语，强化广告受众对于支付宝的印象，收到了很好的宣传效果。

淘宝的第三个服务策略，是以即时通讯工具“淘宝旺旺”为代表，完全开放交易双方信息。淘宝旺旺是在原阿里巴巴的“贸易通”软件基础上开发的，集成了即时文字、语音、视频沟通以及交易提醒、快捷通道、最新商讯等功能，并支持在线网页版本和免费下载版本。

淘宝旺旺不仅迎合了中国传统商业文化中像集市贸易一样注重交流的习惯，帮助在线买家客户与卖家客户进行直接交流，讨价还价，也可以将交易对话保存为电子证据，以备在线交易出现纠纷时，作为证据处理售后分歧。

按照当时 eBay 易趣的交易规则，卖家在网店登录商品、销售定价、退换货等售后服务，对买卖双方信息交流等诸多环节的操作流程有种种限制，目的在于确保该网站收取交易手续费和商品登录费，杜绝卖家客户与买家客户达成不经过网店下订单的线下交易。

由于淘宝网实行的是免费开店策略，对于买卖双方是否存在线下交易，并无任何顾忌，双方信息通过网页登记和淘宝旺旺的即时沟通内容，都可以互相公开。这种开放信息的交易环境，为客户提供了远比 eBay 易趣更好的客户体验，卖家客户节约了交易成本，买家客户可以在此基础上得到更优惠的价格，对买卖双方来说，何乐而不为？！

正是因为淘宝在免费策略、支付安全和信息交流三个方面，制定出了符合国内互联网在线交易用户需求、消费传统和商业文化的本土化策略，从 2003 年开始，仅凭一台服务器起步的淘宝网，只用了不到 3 年时间，就彻底击败了 eBay 易趣。

淘宝网站上线时，易趣占据国内在线用户交易市场 90% 的份额。到 2006 年 3 月，淘宝网就占据了这个市场 72% 的份额。

在取代 eBay 易趣的行业龙头地位后，淘宝仍在推进本土化策略，以提升交易规模，加强对消费者的权益保护。

2008 年 4 月 10 日，淘宝推出商家对客户模式（Business to Customer，简称 B2C）的淘宝商城，整合国内外商户的品牌资源，为消费者提供 100% 品质保证的商品，以及 7 天无理由退换货的售后服务和购物积分返现金等优惠。

2009 年 3 月 12 日，淘宝实行“商品如实描述”的消费者保护计划，消费者在淘宝网店购买的任何商品，如果与卖家描述不符，都可要求退换。

2012 年 1 月 11 日，淘宝商城正式宣布更名为“天猫”（Tmall.com）。

2. 互联网的“蝴蝶效应”

eBay 易趣从风生水起到败走麦城，根本原因在于，在中国互联网产业刚兴起时，两名哈佛商学院的毕业生照搬电子港湾在美国的运作方式，取得了阶段性的成功后，漠视中国互联网市场、消费者行为，包括竞争对手行为的本土化策略的研究和应用。而亚马逊的中国网站，也发生过激起部分中国消费者强烈不满的“25 元门”和“硬盘门”事件。

2009 年 12 月 23 日凌晨，卓越亚马逊网站近 500 种市场售价数百元至数千元不等的套装图书，包括套装精装的《二十四史》、《资治通鉴》等，统一标价为 25 元，部分网友争相订购。到次日上午 10 点，这些订单均被自动取消，图书价格也都恢复为原价。

此事在互联网上引起轩然大波，媒体争相报道讨论。国内多家知名论坛，也出现了批评卓越亚马逊的帖子。有订购了商品的网友认为，卓越亚马逊未与消费者沟通，便单方面取消订单，有违诚信原则。按照卓越亚马逊的惯例，客户确认订单后，网站系统会自动发送一封电子邮件到客户注册的邮箱，确认这分订单。网友认为这已经构成了买卖合同成立的“要约、承诺”关系。成功下了订单，即已构成合同。卓越亚马逊拒绝发货，并取消订单，理应作出赔偿。

就此事，卓越亚马逊公关部门对媒体的解释是：

> 按照卓越亚马逊网站的格式合同规定，网站与消费者的订购合同生效时间，并非客户确认订单点和订单确认邮件的环节，而是客户收到配送商品并签收后；“25 元定价”属于网站系统故障，并非真实的促销活动；对于标价错误的货品，卓越亚马逊有权取消所有订单，卓越亚马逊的客服部门，将以电子邮件方式向每位下订单的客户道歉。

一波未平，一波又起。2010 年 1 月 22 日，一款原售价 559 元的

320G 移动硬盘，被标价 118 元在卓越亚马逊销售。不少网友抢购并下订单后，该款硬盘以“缺货”，销售网页“不存在”的形式，一度消失在网站上。1 月 25 日凌晨，下订单的消费者收到了一封来自卓越亚马逊客服的电子邮件，该电子邮件表示：“该品牌的价格错误，卓越网不得不取消顾客的订单。”

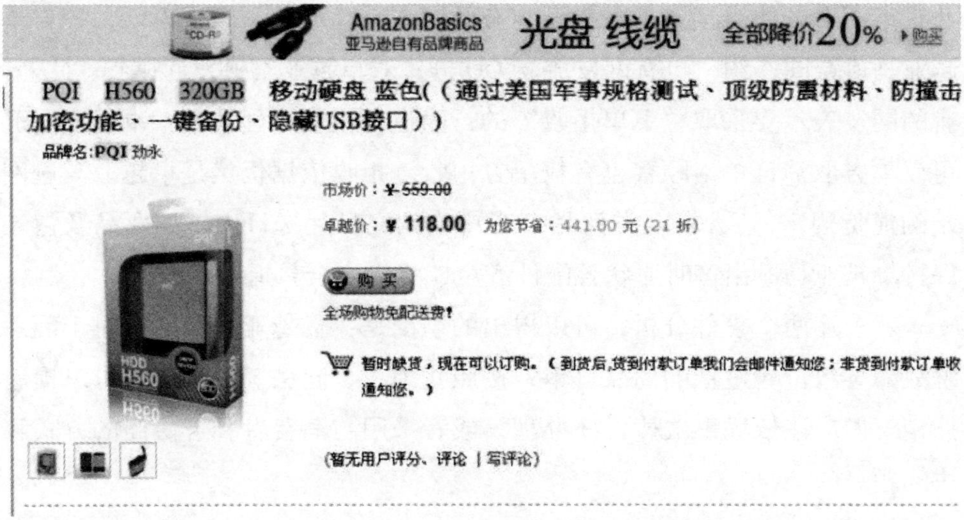

卓越亚马逊“硬盘门”事件

对于取消订单的理由，卓越亚马逊的解释是依据网站首页左下角的《使用条件》。该《使用条件》规定：

直到您发出订单，我们才能确认商品的价格。尽管我们做出最大的努力，我们的商品目录里的一小部分商品可能会有定价错误。如果我们发现错误定价，将采取下列之一措施：

（1）如果某一商品的正确定价低于我们的错误定价，我们将按照较低的定价向您销售交付该商品。

（2）如果某一商品的正确定价高于我们的错误定价，我们会根据我们的情况决定是否在交付前联系您，寻求您的指示，或者取消订单并通知您。

按照卓越亚马逊的惯例做法，退款是以数额的形式退回到客户的网站账户中，用于客户下次购物时使用。对已经支付的金额，客户需要通过提交“申请退款”，才能将货款退回到自己的银行卡里。

不发货，还要求已经付款的客户申请退款！这样一来，加剧了一些本来订单被取消后就有心理落差的网友的不满。于是，卓越亚马逊所在地的北京市消费者协会接到不少投诉。有的网友就此提起了民事诉讼，控告卓越亚马逊合同违约，也有网友成立 QQ 群，对卓越亚马逊发起谴责。此外，有的网友表示要采取“下单拒收”的行为进行报复，理由是：卓越亚马逊可以单方取消订单，顾客也有权单方拒收。拒收依据仍然是卓越亚马逊网站的退货规定，“大家电类商品自客户收到之日起 7 日内，如商品及包装保持卓越亚马逊出售时原状且配件齐全，将提供全款退货。”

就上述两个事件分析，可以得出的结论是：卓越亚马逊网站对于因系统故障导致价格过低的商品订单，按照我国《合同法》的规定，可以提起撤销，但应该依民事法律程序办理，或者采用与消费者私下协商的方式解决问题。

《合同法》第五十四条规定：

当事人一方有权请求人民法院或者仲裁机构变更或者撤销：

（一）因重大误解订立的。

（二）在订立合同时显失公平的。

一方以欺诈、胁迫的手段或者乘人之危，使对方在违背真实意思的情况下订立的合同，受损害方有权请求人民法院或者仲裁机构变更或者撤销。当事人请求变更的，人民法院或者仲裁机构不得撤销。

按照上述法律规定，交易标的物的价值和价款过于悬殊，承担责任、承担风险显然不合理的合同，都可以称为显失公平的合同。显失公平的合同，会导致当事人双方权利和义务不对等，造成一方经济利益严重失衡，违反公平合理的原则。

卓越亚马逊的“25 元门”和“硬盘门”事件，系由商家系统故障造成，商家接到订单后，可以向所在地法院或仲裁机构以重大误解或显失公平的理由请求撤销或变更合同。如果在订立合同中因为“显失公平”而利益受损害的一方不想通过法律渠道请求撤销合同，按照解决民事纠纷“约定大于法定”的原则，卓越亚马逊一方也应该通过在网站首页公告致歉，暂停发货，并与消费者私下协商和适当补偿的方式，化解可能激化的交易纠纷。

然而，卓越亚马逊在处理这两次接连发生的交易纠纷过程中，没有认真总结和反思经营者对于商品标价错误应该承担的责任，均以自己制定的格式合同交易规定为办事依据，直接取消用户订单，处理方式上明显不当，也就难免会引起用户的不满和抱怨，直至在线下寻求用诉讼渠道解决争议。

进一步看，如果卓越亚马逊的管理层能充分了解中国传统文化对“信”和“义”的重视，不妨借此契机发出公告，履行标价有误的订单，等于是花钱做一次面向中文互联网用户的强力公关宣传，这对于强化企业形象，吸引互联网用户的注意力，必然会发挥非常积极的作用。

海外电子商务企业能否以适当的本土化策略，融入到当地社会文化的环境中，以符合当地商业文化传统、消费者习惯、消费心理和消费偏好为起点，通过有针对性的服务策略，赢得广大消费者的认同，是一个必需面对的问题。

就中国的电子商务市场而言，消费者满意的用户服务和用户体验，必须要包括类似如何妥善应对“硬盘门”这种意外事件的策略。贝索斯曾经说:“如果你在互联网上让一个客户不开心，他可能会告诉 6000 个人”。电子商务的客户服务即使做好了一百件事，办砸了一件事，网络舆论就可能盯住这一件事来炒作。

微小的波澜就可能会激起巨大的影响，互联网是一个见证“蝴蝶效应”

神奇力量的场所。淘宝网开店不收费的决策，直接影响了美国电子港湾在中国业务的成败，甚至改变了众多从事在线用户交易业务的互联网企业的行业生态。

对于投资中国市场的海外电子商务企业来说，首先要充分认识到“客户利益无小事”；其次，一定要切实做好本土化策略的制定和执行。

第 6 章
商机在云端

一、数据驱动商机

科技创新推动了社会进步，企业创新才能不断成长。

亚马逊的发展过程，经历了从网络书店到超级卖场，从网络零售到技术服务，从自营销售到引入第三方销售，从一键下单专利到拥有自有品牌的消费电子产品，从白手起家到跻身世界企业 500 强……

亚马逊的发展过程，揭示了“以客户为中心，顾客至上，优质服务和优惠价格”的商业法则永不过时。同时，也显示出电子商务企业的发展必需以创新为动力，以技术为保障，不断探索开发新的业务领域和销售空间。

亚马逊的电子商务平台，还有竞争对手不具备的信息运算等技术优势。

作为全球最大的电子商务企业，亚马逊的网络购物业务拥有近 2 亿的活跃客户，第三方销售平台拥有超过 200 万的活跃商户。截至 2012 年底，亚马逊在全球拥有 89 座大型和超大型运营中心，集成了厂商收货、仓储库存、订单发货等物流管理职能。此外，亚马逊的云计算网络服务，为包括联合利华（Unilever）、爱立信（Ericsson）、辉瑞制药（Pfizer）等巨头企业在内的众多客户提供服务，这些业务都需要以强大的数据运算能力为中心。

在亚马逊的运营中，客户关系管理（Customer Relationship Management，简称 CRM）和信息管理（Information Management，简称

IM）是企业的商业核心战略，亚马逊技术的核心则是Linux技术。2005年，亚马逊获得了全球最大的3个Linux数据库，容量分别为7.8 TB（1TB=1024GB）、18.5 TB和24.7 TB；中央数据仓库由28台均装有4个中央处理器（Central Processing Unit，简称CPU）的惠普服务器组成，运行甲骨文公司（Oracle）的9i数据库系统。

亚马逊的数据系统每天需要处理数以亿次的客户访问和第三方商户的交易信息。为了保护客户的信用卡信息，亚马逊采用了网景公司（Netscape）提供的使用“安全套接层”数据加密协议（Secure Socket Layer，简称SSL）的商用服务器，将信用卡信息置于互联网不联通的单独数据库中，以阻断可能的黑客入侵。

此外，亚马逊的历史记录数据库，还会记录下客户每一次购买的商品和特定商品查询信息，以及客户对于商品的留言评价，以此为客户定制推荐商品的个性化页面。

为了构建一个高效、智能、多变的信息平台，作为电子商务的信息保障，亚马逊迄今对于信息基础设施的总投入超过20亿美元。为支撑日益增长的业务发展，亚马逊在部署IT基础设施建设时，都会留出一些提前量。随后，亚马逊开始把闲置的计算资源租赁给第三方用户，该服务命名为“亚马逊网络服务”，这是为其他商户提供的云计算基础架构网络服务平台。

1.云计算由来

当亚马逊在1999年启动在线拍卖业务时，使用的还是传统的服务器加数据库等信息管理设备。随着网站访问量的激增，以及向第三方商户开放销售平台，亚马逊决定建设公司内部的大规模集群计算平台。

之后，亚马逊将赢余的计算能力作为技术服务提供给其他企业，包括亚马逊的竞争对手。用户可以通过亚马逊网络服务（AWS）的界面，操作在云计算平台上运行的各个实例（Instance），收费方式则由用户的使用状况决定。

云计算（Cloud Computing）是通过将计算和数据部署在大量分布式计算机上，为互联网用户提供存储、查询、开发等移动计算应用的比喻词。

对比局域网与互联网的应用范围，在局域网环境下，服务器与若干台终端电脑构成内部网络，终端电脑通过连接服务器，进行各种特定应用；在互联网环境中，用户的电脑和其他智能信息设备，通过购买技术服务或者商品的方式，访问云计算提供商的互联网服务器平台，进行各种特定应用，以实现网络计算资源的公共服务。

云计算可以为网络用户提供更高的效率，更强的可扩展性，和更快、更便捷的软件开发程序，实现新的商业模式。对电子商务来说，云计算意味着以网络为中心的信息资源配置动态化。

亚马逊、谷歌、微软等大型云计算服务商，在世界各地都有相应的数据中心，保证了电子商务信息流的畅通；云计算的自动化，可以使电子商务的交易和后台数据处理更为灵活有效，并帮助企业降低信息化成本。客户则借助不同的终端设备，通过标准的应用，实现对网络的访问，从而使云计算服务无处不在。

云计算的主要优势是，企业能够根据业务发展支付较低的可变成本，替代前期基础设施投入的费用。依托互联网的云计算功能，使得计算能力成为一种商品，如同煤气、水、电一样，以较低的价格提供公共服务。

20 世纪 60 年代，因为当时的计算设备价格非常高昂，普通企业和机构的经济能力无法负担，于是出现了共享计算资源的设想。

1961 年，“人工智能之父”约翰·麦卡锡 (John McCarthy) 首次提出了“效用计算”概念，其核心借鉴了电厂模式，具体目标是整合分散在各地的服务器、存储系统以及应用程序，共享给多个用户，让用户能够像把灯泡插入灯座一样来使用计算机资源，并且根据其使用量来付费。

1983年，当时全球最大的计算机操作系统“UNIX”供应商——美国太阳微系统公司（Sun Microsystems），提出了“网络就是计算机”（The Network is the Computer）的理念，意思是由许多计算机连接起来的整个网络，本身就是一台巨大的计算机。

2006年8月9日，谷歌公司首席执行官埃里克·施密特（Eric Schmidt），在美国圣荷塞举办的“搜索引擎大会”上，首次提出“云计算”的概念。而亚马逊公司早在2006年3月1日，就已经向用户提供基于云计算的“简单存储”服务（Amazon Simple Storage Service，简称Amazon S3）。2006年8月25日，亚马逊公司又推出了“弹性计算云”（Elastic Compute Cloud，简称EC2）服务。

2.亚马逊的大场面

亚马逊公司到底有多少台计算机用于云计算？

2012年3月，作为世界500强企业的国际管理咨询公司埃森哲公司（Accenture），其技术实验室研究经理刘桓（Huan Liu音译）给出了他推算的答案：445000台服务器。

亚马逊的“弹性计算云”采用充值预付费的服务模式，刘桓根据域名这一线索，经分析发现，亚马逊公司在弗吉尼亚州北部的云计算聚集群约有322000台服务器。他还发现，亚马逊在世界其他地区的云计算服务器相对少一些，比如，他猜测亚马逊在巴西圣保罗有1200台服务器。

因为亚马逊在很大程度上依赖于虚拟计算，基于不同的软件，每台计算机可以显示为好几个虚拟服务器，因此，计算出亚马逊数据中心的服务器数量，是一个非常艰巨的任务。

刘桓研究了亚马逊的域名，结合IP地址（Internet Protocol addresses，

互联网协议地址，识别计算机或网络连接到互联网的一组特定的数字验证标识）的排列规律，发现每个云计算的服务器机柜是由 64 台服务器组成的。这项计算数据并不包括亚马逊为某些重要客户定制的价格更昂贵的“私有云”服务器，因为“私有云”服务器不在互联网上。

亚马逊是目前规模最大的“公共云”服务提供商，公共云是基于标准云计算的一个计算模式，服务商提供应用和存储资源，公众采用免费或按量付费的模式使用。

公共云计算以服务的方式提供虚拟化资源的模式，可以简单理解为计算机软件硬件的租用。目前，包括亚马逊中国网站在内的亚马逊用户，都可以免费使用 5GB 的个人云存储服务。

亚马逊的“虚拟私有云”(Amazon Virtual Private Cloud，简称 Amazon VPC)，是为一个客户单独使用而构建的云计算服务，提供对数据、安全性和服务质量的最有效控制。亚马逊在云计算中预置一个逻辑隔离的部分，让客户自己定义并启动虚拟网络中的云计算资源，客户完全可以掌控自己的虚拟联网环境，包括选择自有的 IP 地址范围、创建子网，以及配置路由表和网关。

亚马逊的云计算网络服务，吸引了一些极其重要的用户，比如美国国家航空航天局（National Aeronautics and Space Administration，简称 NASA）。2012 年 8 月，美国“好奇”号火星探测器在火星着陆，就是使用亚马逊的网络服务向全球直播着陆过程。2013 年 3 月，美国《联邦计算机周刊》(*Federal Computer Week*)透露，亚马逊将与美国中央情报局(Central Intelligence Agency，简称 CIA）签署一份价值 6 亿美元的合作协议，为其建设私有云基础设施。

包括谷歌、微软、惠普等技术公司，都把亚马逊的云服务视为最主要的竞争者，谷歌公司甚至不惜从亚马逊挖人。2012 年 10 月，亚马逊起诉谷歌雇用前亚马逊副总裁、负责云计算全球销售业务的丹尼尔·鲍威尔斯

（Daniel Powers）。鲍威尔斯曾在IBM效力20年，在那里主管过5个月的云计算业务。跳槽到亚马逊后，鲍威尔斯工作了18个月，与33个“亚马逊网络服务”客户有密切联系。鲍威尔斯2012年9月从亚马逊公司离职，10月中旬加盟谷歌公司。亚马逊方面担心鲍威尔斯跳槽到谷歌后，会带走一些亚马逊公司的相关技术人员，并利用他在亚马逊的客户人脉为谷歌牟利。

亚马逊方面强调，鲍威尔斯跳槽到谷歌，违反了他在亚马逊离职时签订的《服务阻断协定》。此协定规定鲍威尔斯离职后18个月内，不得到竞争对手的企业任职，亚马逊为此还支付给鲍威尔斯32.5万美元的酬金。

对于亚马逊来说，向第三方提供云计算服务，只是其一部分业务。云计算的商业前景在于移动商务，亚马逊显然不满足于做领先的电子商务网站，其目标是要在未来的移动商务市场分得一大块地盘。

从开发自有品牌的Kindle平板电脑到软件销售，从起步阶段的网络广告，到传闻中的亚马逊智能手机，亚马逊意在蓬勃兴起的全球移动商务领域扮演重要的角色。

随着移动商务的普及，在网络零售和技术服务之外，亚马逊还拥有比谷歌等互联网公司更明确的网络广告市场。通过长期累积的用户基数和数据，亚马逊有在网络零售平台购买过商品的两亿多客户的真实资料，了解他们购买过什么，关注什么商品，以及通过发表评论的方式留下的对商品的评价，由此可以统计归纳出消费者在互联网购物的规律和偏好。商家在亚马逊投放广告更容易接近消费者的需求，而且投放广告所推广的商品可以一步到位，直接通过亚马逊的平台进行销售。

二、豪赌终端

亚马逊以成本价销售自主开发的Kindle电子书阅读器和Kindle Fire平

板电脑，意在将这些产品作为无纸化出版和数字化产品的销售终端，依托亚马逊销售平台拥有的图书和音像商品，从终端赢得最大多数和可持续的消费者群体。所以，亚马逊在消费电子产品市场上，延续了其一贯的注重长期利益的策略，以超低价格豪赌未来的终端市场。

出版业无纸化是一个重要发展趋势。

首先，由于互联网的普及和移动通信应用的增长，信息的传播速度和数量极大地增长。由于传播方式丰富多样，人们不再依赖以往的报纸杂志、广播电视和印刷出版物作为获取信息的最主要渠道。

其次，现代人的生活节奏不断加快，消费习惯发生转变，也在很大程度上影响到人们对于纸质出版物的购买需求。

出版业无纸化的趋势，从美国著名的《生活杂志》停刊和《新闻周刊》无纸化出版可见一斑。

1. 传统媒体巨头沦陷

在美国，《生活杂志》（*Life Magazine*）是一本与《时代》周刊同样家喻户晓的杂志，其前身是 1883 年在纽约市发行的《幽默周刊》（*Humor and General Interest Magazine*）。1936 年，亨利 · 卢斯（Henry Luce）正式创立《生活杂志》，定位为新闻摄影纪实杂志，第一期在 1936 年 11 月 23 日发行。

在互联网泡沫破裂的 2000 年 1 月，《生活杂志》的出版商时代华纳与美国在线合并。合并后经营亏损严重，加上杂志本身经营业绩不佳，从 2007 年 4 月起，《生活杂志》停止发行印刷版，其内容全部转移到互联网上 (life.com)。

从 2012 年 1 月 30 日起，《生活杂志》的部分内容被转移到了《时代》周刊网站的图片频道（life.time.com）。以往期刊的内容，则转移到了一个资料性质的网站——“原来的生活杂志”（www.originallifemagazines.com）上。

网络搜索公司谷歌，则以这份杂志以往积累的图片为素材，向公众推出了一个超级图片库，图片库涵盖19世纪60年代到20世纪末的重大事件和人物图片集锦，总计约1000万张图片。其中多数图片源于《生活杂志》杂志。

谷歌声称，把非在线图片搬到网络上，是源于该公司希望能够整合世界上的所有信息，使其很容易很方便地获取。这些图片只有很少一部分曾经公开出版过，大部分则以各种形式，如底片、幻灯片、玻璃盘、蚀刻版画和印刷画片等，在档案资料中尘封多年，其中97%的图片是以前从未公开的（images.google.com/hosted/life）。

从谷歌图片库公布的《生活杂志》照片中，可以找到20世纪30年代从空中鸟瞰中国三峡的航拍照片，以及1948年为周恩来总理拍摄的肖像照。由此可以看出，这份杂志在新闻摄影领域曾经具有强大的影响力。

20世纪30年代三峡航拍照片

周恩来总理1948年拍摄的肖像照片

创办于 1933 年的《新闻周刊》(*Newsweek*)，是美国三大新闻类周刊之一，与《时代》周刊和《美国新闻与世界报道》(*U.S News & World Report*)齐名。《新闻周刊》报道范围，涵盖美国国内外时事、商业、科技、社会、艺术和娱乐等方面。2003 年,《新闻周刊》在全球有 22 个分支机构，发行量超过 400 万份。除了英语版本外,《新闻周刊》还出版日语、韩语、西班牙语、俄语等多种语言版本。

进入 21 世纪之后，这份美国新闻业和出版业的旗舰刊物，由于受到广告业务严重下滑，发行量大幅下跌的困扰，逐渐走向下坡路。2007 年以来,《新闻周刊》的经营性亏损高达 4400 万美元。

2012 年 10 月,《新闻周刊》宣布将在 2013 年放弃印刷版杂志，全部实现数字化。2012 年 12 月 24 日,《新闻周刊》发布了创刊 80 年最后一本纸质杂志，宣告将于 12 月 31 日停止发行印刷版杂志，全面转向名为“新闻周刊全球”的数字版刊物。

最后一期《新闻周刊》的封面采用了一张黑白老照片，为纽约新闻周刊大厦旧址，《新闻周刊》杂志已于 1994 年搬离这座大厦。封面还用醒目的标题字体告诉读者，那是《新闻周刊》的“最后一期纸质发行版本”。

最后一期纸质《新闻周刊封面》

2.电子书超越印刷书

事实上，从 20 世纪 90 年代开始，就已经出现了早期的电子书阅读器（也称电子书、电纸书等）产品。

2002 年，美国的兰登书屋（Random House）、哈珀·科林斯（Harper Collins）等出版商，开始对出版的图书内容进行数字化处理。

2004 年，谷歌数字图书馆（books.google.com）建立，该图书馆用数字化处理的方式，公开了大量公共学术内容的图书。谷歌公司通过与图书馆和出版商合作，大量扫描旧版图书，用户可以利用“谷歌图书搜索”功能，检索数字图书馆内信息，在线浏览图书，或获取图书相关信息。

2004 年 3 月，日本索尼公司发布了一款高清晰度电子图书阅读器。由于苹果电脑公司的 iPod 系列音乐播放器从 2001 年起就非常流行，并且已经兼具了电子书阅读功能，专用的电子书阅读器因缺乏完整的商业供应链，以及不适合消费者的用户体验等问题，这款电子书阅读器并没有形成有效的规模市场。

亚马逊在 2007 年推出 Kindle 电子书阅读器，2011 年推出 Kindle Fire 平板电脑，正是看准了出版业走向无纸化的趋势。

由于受“次贷危机”引发的经济萧条的影响，美国出版业持续低靡，报纸杂志的广告数量大幅减少。Kindle 电子书阅读器采用为用户提供报纸、期刊、图书电子版本的方式，采用收入按比例分成的模式，给传统出版业提供了增加内容发行渠道、弥补经营亏损的机会。

如同在线销售的产品，亚马逊的盈利模式坚持采用终端加内容的推进策略，以相对最具优势的价格和最划算的服务，吸引、扩大和延伸消费者终端，再选择最大化的丰富内容，形成稳定的消费群体，也就是庞大而稳定的客户资源。

在已经拥有全球最大图书出版信息的基础上，这种“终端 + 内容”的模式，关键是要迅速提高 Kindle 电子书阅读器的市场占有率。其市场占有率越高，用户消费的规模效应越明显，也就越容易吸引出版商加入 Kindle 阅读器推广的电子书合作计划；内容的丰富，又会吸引更多的读者使用，以此形成良性循环。

对于 Kindle 电子书阅读器的开发，亚马逊进行了长期的准备。在研发和前期的数字出版物协作和授权上，亚马逊投入了近 10 亿美元。2003 年起，亚马逊就与多家出版商达成协议，将他们出版的图书内容扫描成为电子书的格式。

在研发设计上，Kindle 注重电子书阅读器的“纸感”，尽力使电子书阅读器具备纸质图书的手感、重量。同时，Kindle 还根据用户习惯，采用灰度调节和没有炫光的“电子墨水”（E-link）屏幕技术，尽量仿照书页的显示亮度，使读者能感受到纸质阅读的特质，又非常省电。

亚马逊还在网站建立起销售电子书的 Kindle 商店（Kindle Store），通过与电信运营商“冲刺”公司（Sprint）合作，为 Kindle 电子书阅读器的读者提供内容的无线下载。迄今，Kindle 商店已经提供近 200 万种图书和平面媒体的电子版，包括《纽约时报》（*New York Times*）、《华盛顿邮报》（*Washington Post*）等多种杂志及报纸。

亚马逊最初把畅销图书的电子版统一定价为每本 9.9 美元，比纸质图书明显便宜。出版时间长的图书，电子书价格则更低，同时，亚马逊还不断增加免费借阅的电子图书种类。为了迅速扩大电子书的读者群和移动终端的用户数量，亚马逊又把免费借阅一本电子书的计划，推广到“亚马逊优惠”的年度会员制服务中。

2010 年 7 月，亚马逊网站上电子书的销售量已经超过了精装书；2011 年 1 月，电子书的销量又超过了平装书，一跃成为亚马逊网站最受欢迎的图书形式；2011 年 5 月 19 日，亚马逊发布公告称，Kindle 电子书阅读器的电子书销售量，已经超过了亚马逊销售平台上所有平装书籍和精装书籍的总和。

对此，贝索斯表示：

> 更多的顾客愿意购买电子书，我们之前就觉得这是必然的结果，只是没想到发生得这么快，毕竟我们已经卖了 15 年的纸质

书，销售电子书的历史才不到 4 年。我们会继续努力让 Kindle 成为世界上最畅销的电子书阅读器，让 Kindle 商店成为世界上最受欢迎的电子书商店。

对于出版商而言，通过 Kindle 商店销售可在电子书阅读器、平板电脑和智能手机等移动终端的电子书，节省了印刷、仓储和配送成本，在纸质图书销售量日渐减少的局面下，无疑是出版业延续发展的解决方案。此外，电子数也不存在传统书店客户退书的问题。

对于电子书的定价，贝索斯认为，电子书售价低于纸质书是有道理的，因为购买了电子书的客户，无法将电子书作为礼物送人，也无法转售。

在看准了出版业向无纸化转型的情况下，亚马逊也在着力建立个人出版平台，为希望出版的作者提供免收制作费用、销售收入分成的图书出版和音像制品业务。也就是说，在商品销售平台、云计算的技术服务平台之外，亚马逊也在不动声色地构建自己的网络出版平台。

3. 挑战 iPad

第一代 Kindle 电子书阅读器于 2007 年 11 月 19 日发布，读者可以通过该设备购买、下载和阅读电子书、报纸、杂志、博客及其他电子媒体。

贝索斯声称，亚马逊不靠卖靠硬件盈利，因此，Kindle 电子书阅读器不仅以成本价销售。亚马逊还发行了“特价优惠版”（Special Offer），比一般的售价还要便宜 15~20 美元，其中的差价以该设备接收网络移动广告的收益来弥补。

第一代 Kindle 电子书阅读器采用“电子墨水”技术，屏幕非常省电。由于采用灰度调节，没有任何亮度，非常适宜在日光下阅，视觉上犹如玻璃板下压了一张报纸，接近阅读纸质媒体的感觉。该产品提供 250M 的存储空间，支持外部存储卡的扩展存储，但功能只限于阅读，不支持 MP3

和视频等多媒体播放。

第一代 Kindle 电子书阅读器的缺点是屏幕比较薄，在意外碰撞、跌落等外力作用下，容易造成屏幕损坏。由于采用的是灰度调节屏幕，在弱光、暗光环境下，需要借助其他照明光源才能阅读。

此后，亚马逊陆续发行了 Kindle 第二代到第五代产品，包括第二代的大屏幕产品（Kindle DX），第三代的键盘输入产品（Kindle Keyboard），第四代的触屏产品（Kindle Touch），以及在 2012 年 9 月发布的第五代产品——具有高清晰度背光屏幕的“Kindle Paperwhite”。

在积累了前四代 Kindle 电子书阅读器研发的基础上，亚马逊 2011 年 9 月 28 日发布了第一款平板电脑产品 Kindle Fire。Kindle Fire 采用 7 英寸的 IPS（In-Plane Switching，平面转换，由日立公司 2001 推出的液晶面板技术）电容触屏显示屏和安卓操作系统，亚马逊的“丝绸”（Silk）云加速移动浏览器。这个浏览器将移动用户浏览的网页自动分开处理，简单的互联网页面由平板电脑自行加载，复杂的页面则会交给亚马逊“弹性计算云”服务器进行处理，以平滑迅速地加快网页加载的速度。

2012 年 9 月 6 日，亚马逊又发布了 Kindle Fire 高清版（Kindle Fire HD），该系列产品分为 WiFi 7 英寸版、WiFi 8.9 英寸版以及 4G LTE（Long

Term Evolution，长期演进，一种第四代通信技术标准）的 8.9 英寸版三个型号，均采用高分辨率（High Definition，简称 HD）屏幕。

亚马逊在 Kindle Fire 4G 版本的销售页面上，为潜在用户算了一笔经济账：购买配置基本相同的 Kindle Fire 4G 产品与苹果公司新近推出的 4G 版本的 iPad，加上同等条件的一年网络使用费，总价格分别是 499 美元和 959 美元。也就是说，用户购买 Kindle Fire 产品并在线使用一年，其购买和在线使用的支出比 iPad 便宜一半以上。

这是一个非常明确的信号，即亚马逊的平板电脑产品已经在向苹果 iPad 的市场地位发起挑战。

从工业设计的精细程度和对于用户体验的把握上来说，亚马逊的平板电脑产品尚有不足之处，但是，Kindle Fire 除了具有诸如电池连续使用时间更长，内置双音箱具有杜比实验室（Dolby Studio）认证的环绕声效果等优势之外，更主要的是依托亚马逊的丰富资源、云计算能力和营销手段构成的优质服务——10 万部有声图书可供下载；内容丰富的电子书、音乐、视频、应用程序在线商店；免费体验“亚马逊优惠”会员服务，包括独家音频视频流媒体节目的观看和每月免费借阅一本电子书的优惠服务，以及可以通过免费出版的方式出版自己的图书、音乐和视频作品等。

贝索斯非常善于运用亚马逊的丰富资源。就新款平板电脑的推出，贝索斯说：“去年，市场上有超过 20 款安卓系统的平板产品无人购买，为什么？因为那只是个工具，人们要的是服务。”

贝索斯接着暗示了亚马逊平板电脑产品与 iPad 的区别：“我们是通过人们使用我们的设备赚钱，而不是在他们购买我们的设备时赚钱。”

在平板电脑市场上，亚马逊的 Kindle Fire，谷歌的 Nexus 7，以及巴诺书店的 Nook，已经形成了对苹果公司 iPad 夹击的势头。鉴于苹果公司素来没有大幅降价应对竞争的传统，2012 年 10 月 26 日，苹果仓促发售缩小了屏幕尺寸并适当降价的 iPad mini，此举显示出后乔布斯时代，面对竞争，苹果有些乱了方寸，因为 iPad mini 主要冲击的是 iPad 原有的高价平板电脑市场。

三、投注未来

面对云端的商机，亚马逊不仅大力推进用户终端的硬件，也在高新技术和服务策略上继续创新。

2013 年 5 月 21 日，亚马逊宣布，“亚马逊网络服务”已通过美国卫生与人力资源服务部“联邦风险和授权管理项目”（Federal Risk and Authorization Management Program，简称 FedRAMP）的标准认证。目前，已经有包括美国财政部、海军部、航空航天局等超过 300 个美国政府机构在使用亚马逊的云计算服务。

1.亚马逊虚拟钱币

2013 年 5 月 13 日，亚马逊虚拟钱币（Coins）悄然投入使用。每个 Kindle Fire 平板电脑的用户账号，都收到了馈赠的 500 个亚马逊虚拟钱币。每个虚拟钱币折抵 1 美分，Kindle Fire 的用户可以用它在亚马逊的应用商店中购买应用程序、游戏和程序内项目。

亚马逊承诺，发行的虚拟钱币可以按 1 美分等于 1 个钱币的比率自由兑换，确保客户的虚拟钱币可以在不收取手续费用的前提下兑换回现金。

亚马逊推出虚拟钱币，其目的在于促进用户在亚马逊网站的消费。亚马逊应用程序和游戏部门副总裁麦克·乔治（Mike George）表示：“我们将增加用户赚取虚拟钱币的途经，并扩大这些钱币的使用范围。”

亚马逊推出的虚拟钱币

在推出虚拟钱币的同一天，亚马逊宣布已从韩国三星电子（Samsung）那里收购了荷兰的显示屏技术企业 Liquavista，以协助亚马逊开发移动设备的新型显示器。

亚马逊的 Kindle 电子书阅读器使用灰度的电子墨水屏，适合在阳光直射下阅读，因为电子墨水屏只有在翻页时才会产生耗电，因此，Kindle 系列产品的电池续航时间，比普通液晶屏设备更长。但是，电子墨水屏幕的 Kindle 产品没有屏幕自发光功能，因此不适合在暗光环境中阅读。

Liquavista 的主营产品是电湿润 (electrowetting) 显示技术，能够实现显示器在各种光线条件下的清晰画面。外界据此估计，亚马逊将在不久推出彩色屏幕的电子书阅读器，以吸引更多消费者购买或者换代电子书阅读器产品。

亚马逊上市后进行的品类扩张，兼并收购对象主要是销售型网站。现在，亚马逊收购的大多是技术公司，包括 2012 年 3 月收购的仓储机器人公司 Kiva System，2012 年 7 月收购的 3D 地图服务公司 UpNext，显示这家全球最大的电子商务企业，正在加速高新技术的开发和应用，以不断创新的策略开拓商机，投注未来。

2.亚马逊的新形象

2013年5月21日，亚马逊公司对外展示了西雅图总部的新型办公楼规划图和结构说明。这是一座由三个球体连接组成的充满未来主义氛围的建筑物，亚马逊希望这座花房样式的建筑，能够给员工带来充满自然气息，像在公园里一样社交和休闲的工作氛围。

这家互联网企业向西雅图城市管理部门提交了相关说明资料。说明资料称，总体的构想是一座环境植被丰茂，并且相比普通办公楼建筑具有显著的诸多积极特征的建筑。

亚马逊修改了最初的建筑——一座常规的六层矩形办公楼的计划，希望用球状的新型建筑放大空间，布署多种植物作为建筑的内部装饰。这座建筑的外观，印象类似于花房或者温室，内部选用适合的植物种类，以营造办公楼内的微气候，体现出人与植物和谐共存的微妙氛围。

这座办公楼建筑占地65000平方英尺，约合6000平方米，有五层高，能够兼容多种成熟树木。外部采用空间钢结构的金属构架与多层玻璃，内部功能包括餐厅、会议室和休息走廊。同时，通过植物的多样性，营造出微观的山地生态环境。

近年来不少落成的新型建筑，如德国慕尼黑的安联球场，北京的“鸟巢”国家体育场等，越来越多地采用了新型空间钢结构和膜结构的建筑形式。空间钢结构一方面利用了钢材构件协同受力的特点，另一方面通过合理地施加预应力，以改善结构的性能。与传统的建筑结构相比，这种结构可以更好地改善建筑物的受力性能，实现更大的跨度。同时，空间钢结构的设计可以不拘泥于单一的形式，可以利用各种合理的力学组合，变换出各种形态，创造出传统建筑不具备的造型美学效果。

膜结构是新发展起来的一种建筑构件，多以优质纤维织物为材料，或是向膜内充气，由空气压力支撑膜面，或是利用柔性钢索或支架将膜面绷紧，从而形成能够覆盖大跨度空间的建筑结构。

从效果图看，亚马逊的新型办公楼展现出一个新颖、独特、庞大的异型钢结构形象，突出的特点首先是“外观即结构”，即以空间钢结构形成网格的球状，视觉效果清晰、自然、纯净。顶部的钢结构形成网状的均衡受力，以抵抗水平的温度变形、风荷载和地震力，垂直压力则通过空间钢结构内部的柱子传递至地基。凸起的球形钢架与透明的建筑结构，与内部丰茂的绿色植物构成类似“生态星球”的圆形外观。

新的办公楼将带给亚马逊公司一个全新的形象，充满阳光，生机盎然。

第 7 章

电商的天空

一、亚马逊的成功之道

亚马逊的成功之道在于丰富的商品信息，高效的物流配送，长期的创新策略，以及卓越的用户体验。

表面上看，亚马逊的崛起有天时、地利、人和等诸多有利因素。更重要的是，这家电子商务企业长期坚持以客户为中心的创新与服务，所以比起同时期风声水起的其他互联网企业，如雅虎、网景、美国在线、电子港湾等，亚马逊的业务发展得更加稳健和丰富。

亚马逊的成功之道，还体现在技术能力对产业链的控制。网络购物的重点不止是流通环节，实质上是依托互联网的技术能力。亚马逊围绕信息化管理，形成了对物流体系的控制力。此外，亚马逊运用云计算能力，加上销售平台与 Kindle 系列电子阅读器和平板电脑，以及兼容亚马逊服务的智能手机，还可以形成对移动商务市场的控制力。

亚马逊中国 2012 年的销售收入刚超过 100 亿人民币，而这家公司已经在华建立起 15 个大型和超大型的运营中心，规模仅次于美国本土，其目标决不会满足于现有的业务水平。

亚马逊真正在中国市场推进的业务，重点不是与本土电商在同一领域进行价格战，而是在 Kindle 系列产品获准在内地销售后，以成本价的低价格占据终端，再以丰富的内容资源吸引、构建并最终形成长期稳定的客户群。

1.天时、地利、人和

对于亚马逊来说，“天时”这一有利因素在于，企业创立时，正处于互联网发展的初期。随着网络用户的迅速增长，贝索斯预计到通过互联网，以丰富的信息，建立一个实体商务中无法达到的巨大规模的虚拟卖场的前景，并且尽早把他的商业计划付诸行动。

贝索斯利用的另一个时机，是找准了网络书店作为电子商务业务的切入点。图书拥有长期的客户市场，丰富的品类选择，图书的封面图片、出版信息、价格信息、内容概要信息，都便于在网页上向公众展示和传播。

此外，美国出版业的定价起点较高，网络图书销售有较高的毛利率，保证了亚马逊在创业初期即使以10%~30%的价格折扣销售图书，仍然能维持20%左右的毛利率，这对于亚马逊经历2000年至2002年的“互联网冬天”后取得稳健盈利打下了坚实的基础。

“地利”的有利因素，在于美国的物流业比较发达，配送成本各地区差异不大。亚马逊借鉴了沃尔玛物流按商圈划分建立运营中心，以及信息化物流管理的优点。对于配送业务，主要采取外包给第三方物流的策略。客户能够在充分选择书目的基础上，以较快的时间收到订购的图书，并且享有价格折扣，长此以往，就会形成习惯，喜欢到亚马逊网站购书。通过内部优化，物流成本从一开始占销售收入的大约30%，逐年降低到10%左右，物流成本的节省，成为亚马逊业绩扭亏为盈的重要因素。

“人和”的有利因素在于，美国是个“重消费、轻储蓄”的国家，储蓄在国民收入中占的比例很低，国民的社会保障基金投入到资本市场，可以获取比储蓄更高的收益。因此亚马逊的低价策略，非常适合美国公众的需求。

“人和”还应该包括一个不断提升和优化服务，聚拢人气和形成“口碑”的过程。在网络信息服务方面，1995年亚马逊网络书店开业初期，贝索斯先是开放包括各种负面评价在内的客户评论，坚持“我们并不是通过卖东西赚钱，而是通过帮助我们的客户做出合适的购买选择而赚钱”的理念——至今，亚马逊的客户评论已经称为互联网上最大的商品评论资源；1997 年，亚马逊推出了“一键下单”和推荐商品以优惠价格捆绑销售的策略；2001 年，亚马逊推出“书内阅读”服务，2003 年推出“书内搜索”。

物流服务方面，亚马逊在 2001 年推出针对圣诞假期的“超级免运费配送”（Free Super Saver Shipping），客户订单购物满 99 美元免费配送。在此基础上，2002 年又将免费配送的标准调低到 49 美元、25 美元。到 2005 年，更是推出了会员制的“亚马逊优惠”（Amazon Prime）。丰富的商品、优惠的价格和便捷的服务（信息服务与物流配送服务），正是这三个方面的要素，构成了亚马逊在网络购物平台方面的优势。

1997 年上市融资后，亚马逊大规模推进品类扩张和战略收购。着眼业务长期发展，大规模建设仓储物流运营中心，以及相应的信息管理系统。对于电子商务的综合类业务，亚马逊力求商品丰富，追求“长尾效应”，以丰富的商品，优惠的价格，实惠的服务，不断让利于消费者，以获得最大化的市场份额，打造长期的客户市场。

对于电子商务的垂直类业务，亚马逊力求通过战略收购来扩大市场份额，细分市场，明确对象，比如收购音乐商品销售网站 CDNow.com，收购鞋类销售网站 Zappos.com，收购母婴用品销售网站 Diapers.com，收购日化用品销售网站 Soap.com 等。亚马逊在 2004 年收购卓越网（Joyo.com），则是直接介入到中国市场的手段，通过适时收购，扩展在中国的业务领域和市场份额。当然，亚马逊的收购也有不成功的案例，比如在“互联网冬天”倒闭的 Pets.com、Living.com 和后来关闭的 Endless.com 等。

为了维持销售平台的低利润策略，亚马逊不断寻求新的业务服务空间和利润增长点。先是在 2000 年向第三方商户开放了销售平台，之后发展帮助第三方商户仓储和配送的“亚马逊执行”（Fulfilled By Amazon，FBA），后来又推出为个人出版提供服务的“亚马逊优势”（Amazon Advantage，

AA)，运用销售平台的知名度和赢余的仓储物流能力创造收入。

其次是从 2006 年起，向包括众多美国政府机构等客户提供云计算技术服务。2007 年起，不断推出 Kindle 系列电子阅读器和平板电脑产品，占领数字内容产品的销售终端，进而推动 Kindle 平台上的网络广告，抢占移动商务的市场先机。

2.国内电商的短板

相比亚马逊拥有的“天时，地利，人和”，国内电子商务市场面临着第三方物流成本高，物流服务质量差，以及宏观经济不景气造成的国民收入高储蓄率，消费需求不旺盛等不利因素。

此外，对于数字出版物，国内的互联网用户更习惯于免费下载，或者在线浏览的共享模式。亚马逊在美国卖一本畅销书的电子书，可以定价到 9.99 美元，高价可以达到 14.99 美元，这种高定价的模式，完全不符合国内消费者的习惯。

发展国内电子商务的有利因素是：消费群体大多集中在国土东部和南部，客户群相对集中；廉价制造业形成了纺织品、消费电子等产品的价格优势；公众习惯于通过与商户进行个人化的（在线）交流达成交易的消费习惯。

类似的电子商务处于空白时期的“时机”，也在国内出现过。1999 年 5 月 18 日成立的集约化经营购物网站 8848 网（8848.com），1999 年 8 月 18 日成立的在线用户交易拍卖网站易趣网（Eachnet.com），也曾经一度开创国内电商业界之先河，引起媒体和公众的广泛关注，结果却与亚马逊大相径庭——

8848 网因为内部股权结构多次变动，直接导致了业务方向的摇摆和管理层的内部纷争，企业好景不长；易趣网一度占据了国内在线用户交易市场的 90%，得到了美国电子港湾（eBay.com）的青睐，并累计注资 2.8 亿美元，改名为 eBay 易趣，却因为两位哈佛商学院的高才生不懂得“接地气”，面对 2003 年 5 月才出现的竞争对手淘宝网采取的一些列符合中国用户需求的本土化策略，eBay 易趣应对无方，节节败退，到 2006 年即被淘宝取代了市场地位。

国内市场电商的短板，在于经营思路上习惯于模仿而不是创新，经营思路上缺乏长远战略，不善于从客户的需求和客户面临的问题上去寻求解决方案，因此难以像亚马逊那样，通过技术创新和服务创新，充分调动和发掘消费者的潜在需求。

比如，电子商务相比传统商务具有价格优势，但是电子商务的成本低于实体卖场不等于没有成本。亚马逊向客户提供订单购物金额满 25 美元的免费配送，是经过了多次实践后的策略，这个标准是从开始的 99 美元，逐步降低到 49 美元后，又实践了一个阶段才形成的。

亚马逊凭借业务量的优势，从美国国内的快递企业拿到的配送价格比较便宜。即便如此，实行购物满 25 美元免费配送的策略，理论上可能会让亚马逊无钱可赚。客户在亚马逊订购 25 美元的商品，按 25% 毛利润计，利润大约是 6.25 美元，如果再减去免费为客户配送的成本，基本上等于不赚钱。可见，亚马逊这个免费配送的标准，已经是低到不能再低。只有大量客户的订单金额高于 25 美元，才会给亚马逊带来利润。

在免运费的策略上，国内市场的电商不按规律办事，出于相互竞争和炒作的需要，一度相继发起全场购物免费配送的活动。过了一段时间后，发现付出的物流成本太高，又不得不重新推出订单金额达到若干元以上免配送费的标准。

2012 年，国内一些电商以“价格战”制造营销攻势的做法，更像是传统商务的价格竞争转移到互联网上的模仿版本，而且炒作的重点是本来利润率就不高的电器类产品。电商企业竞相用价格战“赔本赚吆喝”，到底能不能形成长期的市场影响力和稳定的客户群，还有待市场检验。

再比如，亚马逊低价策略的基础，是丰富的商品种类形成的“长尾效应”；通过公开客户评论，丰富商品信息，帮助客户作出合理的购物选择；通过信息技术能力提供个性化的服务，实现“嵌入式营销”的业务增值。

反观国内市场的电商，多年来仍然是采用简单的网页填充信息来进行促销。无论是淘宝式的网店，还是集中经营的平台电商，打开任意一家知名电商的商品页面，几乎无一例外地都会出现一个长度可观的网页，网页上堆积着大量的图文介绍，充斥了对商品的溢美之词。客户的反馈评价，也多是像小学低年级作文一样大同小异的赞美之词。有些网店干脆声明“拒绝差评”，甚至“拒绝中评”，凡是给好评的，一律送店铺优惠券等。这种现象说明，国内市场的电商经营思路，仍然停留在传统商务以促销为导向的阶段，除了价格竞争手段之外，很少站在客户的角度，依据客户的需求去思考问题。

在国内电子商务的发展过程中，借鉴和模仿外部经验，不失为一种合理的渗透策略。但要切记，主要的策略需要以客户利益为中心，重点的策略需要以长期价值为方向，具体的策略需要充分考虑中国消费者的切实需求。国内经营的电商企业依靠过度的价格竞争和广告炒作，可能会获得一些短期的销售，但无法形成长期稳定的客户资源。

二、电商网站失败案例

由于互联网的传播效应，商业盈利模式和新奇创意在网络上被迅速扩散后，导致大量的类似项目投资跟进，但真正取得成功的寥寥无几。短期目标急功近利，长期目标控制不力，是很多电子商务企业经营失败的重要原因。

1. 个人创业与团购风潮

先来看一个典型的个人创业实例，“百万美元主页”（MillionDollarHomepage.com）。

2005 年 8 月 26 日，21 岁的英国威尔特郡青年阿莱克斯·图（Alex Tew），为了筹集在诺丁汉大学工商管理课程的学费，想出了“出售格子”的点子。他用 50 欧元注册域名，开办了这个网站。

网站首页由 1000×1000 像素的网格，构成了共计 100 万像素的广告位，这些广告位以 10×10 像素为基本单位进行销售，每个像素售价 1 美元。购买者可在广告位上投放图案广告，并为该图案添加一个指向他们自己网站的链接。他的目标是将所有像素售出，从而筹集 100 万美元的资金。

“百万美元主页”开始运行的头几天，这个网站仅收入了 1100 美元，其中还有 400 块是自己的兄弟买单。10 天后，媒体开始报道此事。引起媒体兴趣的最关键因素，是这一想法足够独特和新奇。互联网的报道，为这个创意做了最好的广告，最终这个网站的销售收入达到 103.71 万美元。

这个“百万美元主页”目前还能找到。打开这个价值不菲的主页，感觉就像是一个互联网上杂乱无章地贴满各种小广告的公共广告牌。

随着互联网的传播，“百万美元主页”在各国像 20 世纪 90 年代国内的“呼啦圈”流行那样一哄而起，跟进建起的大批同类网站，就没有这么好的运气了。比如，几乎同样域名的另一个英国网站（www.milliondollarhomepage.co.uk）就只能关闭，域名待价而沽。

诚然，互联网属于“注意力经济”，任何异想天开的创意，都有可能在网络上吸引众人的目光。但是作为产品或者服务来说，想在以互联网为平台的市场上拥有持续有效的注意力，并获取长期可靠的经济回报，取决于产品或者服务是否拥有持续的效益，是否拥有数量众多且相对稳定的客户群，是否拥有业务上的最大关联性。

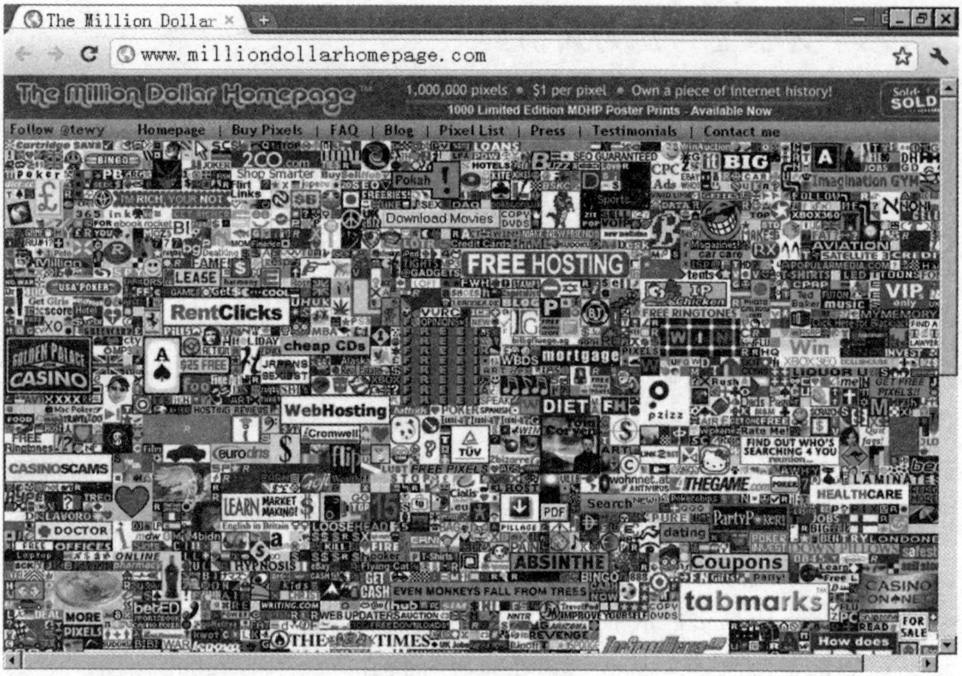

“百万美元”网站主页

这一特点，从2010年开始掀起的团购网站风潮，以及其最终的结果，可以窥见其一斑。

2010年，团购网展现出“呼啦圈效应”式的一哄而起。借鉴美国的团购网站高朋网（Groupon）的运作模式，大量的风险投资在国内电商市场建立起了数千个团购网站。人们在写字楼电梯、公交车站、地铁站等公共场所，随处可见各类团购网站的宣传广告。“团购”仿佛成了刺激互联网商业的兴奋剂，成为当时最流行的词汇之一。

团购的实质是发挥网络平台的优势，组织网络上的消费者，聚集资金和人气，与传统商业的折扣营销业务对接，以实现商家薄利多销，节省消费者支出，团购网站收入佣金，三方共同得益。为了保证团购网站的收益，通常是采用消费者预先付费或者定金的方式，将钱通过网上银行、第三方支付工具或者智能手机，支付给团购网站的账户，然后根据相应的信息，收取配送上门的商品，或者是到指定的消费场所做相应的消费，

团购网站的服务，比较适合现代快节奏生活的都市人对于简单购物和便捷娱乐和消费的需求，但也存在两个显著的问题。

一是团购网站对于团购的商品或者提供的服务，缺乏直接的监管和控制，出现消费者收到的商品与网络宣传描述不符合，餐饮等消费场所提供的团购服务“缩水”的情况，影响客户群的信任度和持续性。

二是团购网站业务对接的传统商业领域和项目，过于分散和细碎。比如，今天团购项目是电影票，明天团购的是运动鞋，后天是某个餐厅的烛光晚餐。相应的客户群非常不稳定，这就难以形成电子商务应有的虚拟卖场的规模效应。因此，团购网站想获得哪怕是微薄的盈利，都变得十分困难。加之大量同类网站参与到激烈的竞争中，团购网站的整体盈利水平越来越低，不少网站都在赔钱维持。事实上，包括团购网站的开创者高朋网，最终也没有实现盈利。

很多团购网在 2010 年到 2011 年间急于融资扩张和争抢用户，一度形成团购市场上“千团大战”的混乱局面。不少团购网缺乏合适的经营规划和发展策略，恶性竞争导致很多规模有限的团购网站缺乏商业资源，更无法吸引到消费者，陷入了恶性循环，无法自拔，最终因资金链断裂而倒闭。2011 年 9 月，国内团购网站最多时超过 5000 家。到 2013 年第一季度，还在运行的团购网站不足 1000 家。这就是说，国内电商市场的团购网站，在仅仅一年多时间里，倒闭关张率高达八成以上。

从本质上说，电子商务相对传统商务具有价格优势，但价格并不是惟一的竞争要素。电商要想获得成功，至少需要三个方面的要素：丰富的商品选择，优惠的价格策略，便捷的优质服务。只有这样，才能构成电商的市场竞争力。当然，还包括在这三个要素基础上不断丰富的业务内容和持续优化的客户体验。

如果电商竞争只局限于价格竞争，街面上那些“一元店”、“二元店”，以及经常吆喝“每件只卖九块九”的杂货店，从逻辑上说，理应比沃尔玛这样的超级市场生意更好。既然在传统商务竞争中，廉价的杂货店无法与沃尔玛抗衡，同样的逻辑也适用于互联网上的电子商务。

对于电商企业的失败案例，在2000年至2002年互联网产业最萧条期间发生的电商企业倒闭或是动荡，尤其典型。作为互联网企业的融资场所，纳斯达克股指在2000年3月10日高达5048.62点，到2002年10月10日则下跌到1108点。在此期间，包括电商在内的大量互联网企业相继倒闭。

2. Kozmo.com

Kozmo.com于1998年3月在纽约成立，是一家以快捷配送服务为特色的在线商店。该企业的经营策略，是为互联网订单创制快递系统，并且在一个小时内交付物品。“一小时送达”吸引了大量的公众关注。

2000年，国内一家电商也提出过“e国一小时”的口号。这种观念听起来足够新奇，但不切合实际。更重要的是，Kozmo一开始实行的是免费配送，根本没有考虑到成本控制的难度。

Kozmo.com提供食品、图书、音像制品、游戏、日用品和租赁影碟等送货服务，主要范围是纽约、波士顿等大城市。客户通过互联网下达订单，快递员用货车、自行车、摩托车或者乘坐公交车进行配送。

为了扩展影碟租赁业务，2000年2月，Kozmo.com支付1500万美元给星巴克咖啡（Starbucks），在大多是24小时营业的星巴克咖啡厅里设置自动影碟租赁机，并为星巴克的顾客配送咖啡产品。作为回报，星巴克的咖啡杯上印上了Komo.com的标识。到2001年3月，Kozmo.com中止了与星巴克的这项合作。

Kozmo.com最初得到了约2.5亿美元的风险投资，免费的快递业务扩展到美国的纽约、华盛顿、芝加哥、亚特兰大、休斯顿、洛杉矶、旧金山、西雅图等 11 个大城市，一度拥有约 1000 多名员工。由于没有订单最低消费金额的限制，该网站得到了在校学生和年轻人的欢迎，顾客增长很快，但业务量越大，网站亏损就越多。

1999 年，这家互联网公司收入 350 万美元，净亏损却高达 2630 万美元；在 Kozmo.com 筹集的约 2.5 亿美元风险投资中，亚马逊公司曾在 2000 年投入了 6000 万美元。Kozmo.com 后来曾经提交过上市申请，但并未成功。

随着互联网泡沫破灭，Kozmo.com 无法摆脱资金短缺的危机，最终于 2001 年 4 月 11 日宣布倒闭。

Kozmo.com 失败的原因可以总结如下：只注重短期目标的配送业务成长，缺乏长期建设的规划和成本控制，导致巨额亏损，无法上市融资，企业资金链断裂。

3.8848.com

8848.com 于 1999 年 5 月 18 日在北京成立。“8848”这个数字，标志着世界最高峰的高度，这个网站一度被视为中国电子商务的旗舰企业。在成立后的最初两年里，8848.com 发展迅速，积累了国内电商在客户关系、支付方式、销售渠道和产业链整合等方面的丰富经验。

1999 年 9 月，轰动全国的“72 小时网络生存测试”，使 8848.com 成为传媒和公众关注的焦点。这项由 10 家主流媒体和一家中文网站联合主办的活动，在北京、广州、上海三地同时举行，12 位自愿参加者在一个完全封闭，只能以互联网作为唯一与外部沟通渠道的环境中生活 72 小时。

8848.com 赞助参赛者每人 1500 元钱现金和 1500 元电子货币，也因此在活动中成为包括中央电视台在内的各大媒体关注的焦点。为了确保参赛者能够从 8848.com 及时收到订购的商品，这家网站的市场总监特意做了布署。期间，一位参赛者想要的巧克力网站上没有，8848 的员工特意到公司附近的商场买了巧克力送过去。

2000 年初，8848.com 的月销售额已经突破千万元人民币，在线销售商品扩大到 16 大类。2000 年 2 月，美国《时代周刊》称,8848.com 是“中国最热门的电子商务站点”；2000 年 7 月，8848 被美国《福布斯》杂志列入中国 10 大网站。2000 年底，中国互联网信息中心调查显示，有接近 70% 的受访公众称自己网络购物首选 8848.com。

8848.com 最初所属的一家网络服务公司，注册资本为 120 万元人民币。其中，大股东北京联邦软件持有 80% 的股权，另外 20% 股权由 8848.com 创始人个人投资。8848.com 名声雀起之后，海外风险投资和国内商业投资纷纷介入，8848.com 的股权随之发生了数次变动。到 2003 年底，最初的大股东北京联邦软件通过 96 万人民币的投资，拿到了大约 481 万美元的投资收益。

随着股权的更迭,8848.com 也数度易手，经营方向和管理层变动频繁。作为最初开展网络购物的电商企业，8848.com 先后更名为 my8848、8848 电商数据、8848 购物引擎。目前，这个网站是北京某公司名下的“8848 户外用品商城”。

8848.com 失败的原因可以归纳如下：最初的大股东从股权转让中获利丰厚，股权变动使企业的经营方向和管理策略变动频繁，导致一度领先国内网络购物市场的这家企业主营业务半途而废。

4. Webvan .com

Webvan.com 于 1998 年 6 月在美国加利福尼亚州的福斯特城创立，最初是一家名为 Oasis（绿洲）的食品杂货店。网站的目标是建立 30 分钟内配送上门的食品类商品在线销售业务。在其业务的高峰期，Webvan.com 拥有 2600 名员工，在美国 10 个大城市开展业务，并计划将服务范围扩大到 26 个城市。

Webvan.com 基于传统商业的实际，认为网上商店可以减少很多雇员和店面的成本，由此要实行“先发战略”，即在短时间内将互联网生意做大，成为“赢家通吃”游戏中的最后胜者。

在吸引了风险投资后，Webvan.com 开发了一套高度自动化的物流配送系统和一系列大型仓储场所，自建企业运输部门，购置了一批安装有卫星定位系统的送货卡车，预先设计好用时最短的路线。为此，这家企业投资了超过 10 亿美元。为了贯彻“赢家通吃”的战略，2000 年 7 月，Webvan.com 又以 12 亿美元的价格，收购兼并了作为竞争对手的同类网站 HomeGrocer.com。

Webvan.com 在 1999 年 11 月 16 日上市，而该公司仅在 1999 年的上半年就亏损了 3510 万美元。“烧钱”式的大规模扩张，以及食品类杂货存在边际利润微薄、仓储条件要求高、客户等待时间短等固有问题，再加上供应链运行管理不足也逐渐暴露。后来，Webvan.com 试图引入图书、音像制品和消费电子产品，但已经无法挽回失败的命运。2001 年 7 月 11 日，Webvan.com 申请破产。

对于 2000 年前后的“互联网泡沫”，贝索斯曾经评价说：

> 一些公司的竞争堪称疯狂，他们每笔网上交易不惜亏损 5 至 10 美元。如果亚马逊想要生存下去，就必须陪着他们疯下去。万幸的是，互联网泡沫正好这时破灭了，这使亚马逊避免陷入更深的困境。

现在，Webvan.com 的域名是亚马逊公司旗下的一家网店，仍然主营食品杂货。

Webvan.com 失败的原因可以归纳如下：看重短期规模效应的建设，对短期投入和长期收益缺乏合理规划。

三、实体店与电商的结合

互联网和移动商务的普及，必然使电子商务出现普及化、常态化趋势，促进移动商务、物流服务、商品搜索、第三方支付业务等的发展。这也就为实体店与电子商务平台的结合，提供了广泛的机遇与选择。

实体店是一种传统商务最直接的销售形式。广义上看，实体店代表的不仅仅是开设实体店铺的商户，也包括具有实体业务，以制造、加工、销售为特征的小型和微型企业，以及具有实体商务的个体工商户。实体店的从业者具有成熟的经营经验和产销渠道，并深谙消费者的心理和习惯，这些素质，对于实体店和电子商务的结合是天然的有利条件。

对于希望通过网店形式开展网络销售的实体工商户来说，主要精力要放在渠道的建设上，也就是如何通过网店的销售，让更多的消费者认知企业、识别商品并愿意购买商品。

建设网店的前提是成本控制。通常来说，实体店开设网店不会增加税收负担，也不会增加仓储成本，对于硬件设备和人力资源的增加也不明显。物流服务基本是委托快递公司配送，或者是邮政包裹寄送。实体商户的商品种类、利润比重、经营特点千差万别，实体商务与电子商务结合，首先要在注重成本控制的前提下，选择合适的电商销售平台，其次是分析销售平台的信息效率。

目前，可以给实体店开设网店的国内电商平台，主要包括淘宝网、淘宝天猫、拍拍网、京东商城、亚马逊中国等。这几个电商平台知名度较高，客流量大，对于实体店在各自平台上开设网店，不同的平台对资质要求和收费标准各有不同。

编者摘录了上述几个网站的相关规定，并搜索两种消费者关注度不同的商品，一是关注度较高的“iPhone5”，二是关注度一般的“雪菊”。从默认的搜索排名结果，以及价格从低到高的搜索排名结果，本着实体店开设网店，以成本控制和信息效率为重点的原则，分析不同电商平台的信息效率和收费特点（信息收集时间均为 2013 年 5 月）。

1. 淘宝网（Taobao.com）

（1）开店资质要求

在淘宝开店必须先通过支付宝认证，目前支付宝必须年满 18 岁方可进行认证。

（2）开店需要提交的基本资料

未绑定淘宝账号的手机号码或者邮箱。

身份证正反面彩色复印件或者照片。

本人手持身份证正面照，本人上半身照。

未进行过实名认证，并且身份证信息和银行开户名为同一个人的银行卡。

（3）开店收费标准

在淘宝集市开店无需交费，交易成功后，也不会收取手续费。但为保障消费者利益，部分类目商品必须缴纳消费者保护保证金，才能发布全新宝贝（保证金标准通常为 1000 元）。

如果没有提交消保保证金，只能发布“二手”或“闲置”商品；必须提交消费者保护保证金，才可以发布全新商品。

注：消费者保护保证金只需缴纳一次。若店铺中销售的产品覆盖多个类目，那么消保保证金不需要分别缴纳。

在淘宝网搜索“iPhone5”的结果，默认排序。

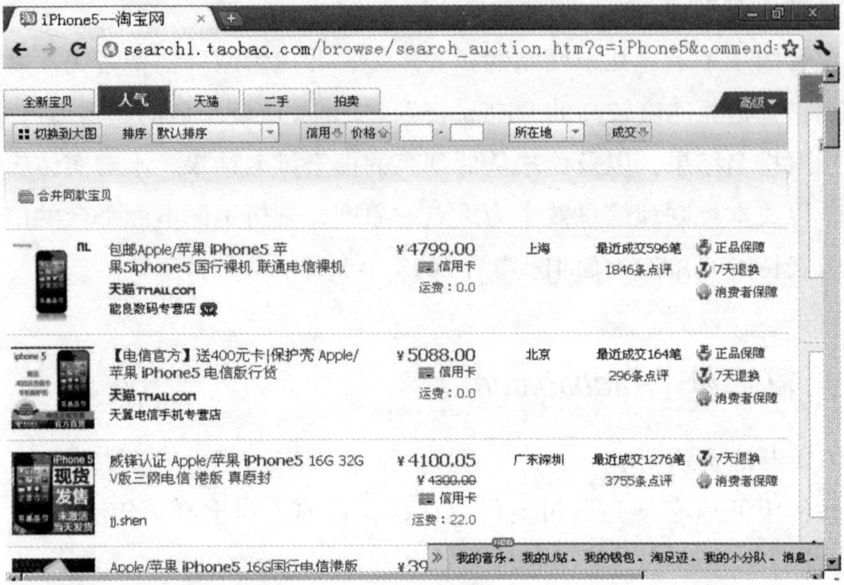

价格从低到高排序。

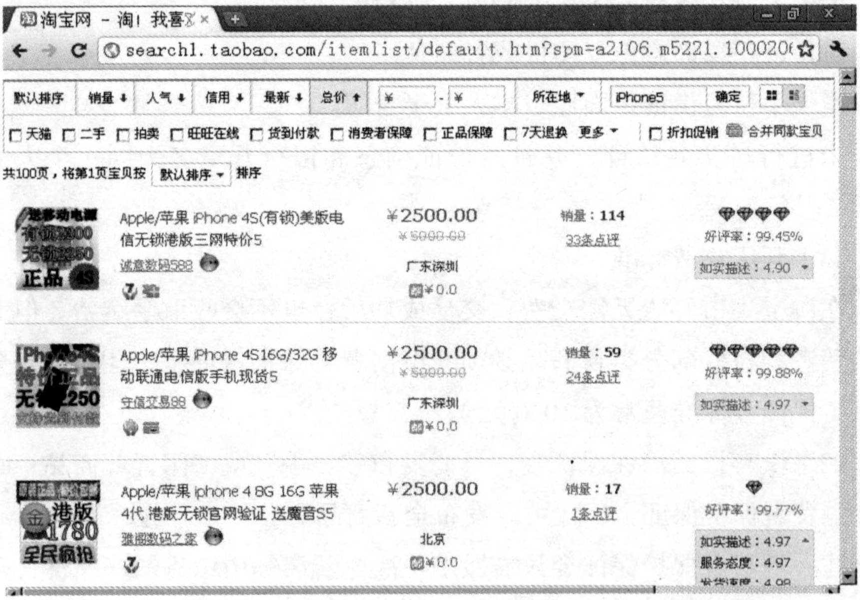

在淘宝网搜索“雪菊”的结果，默认排序。

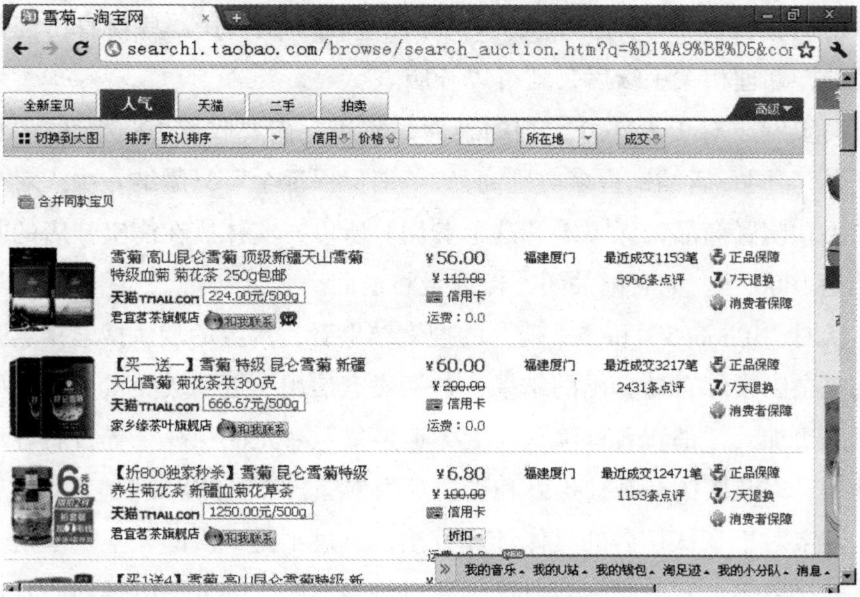

价格从低到高排序。

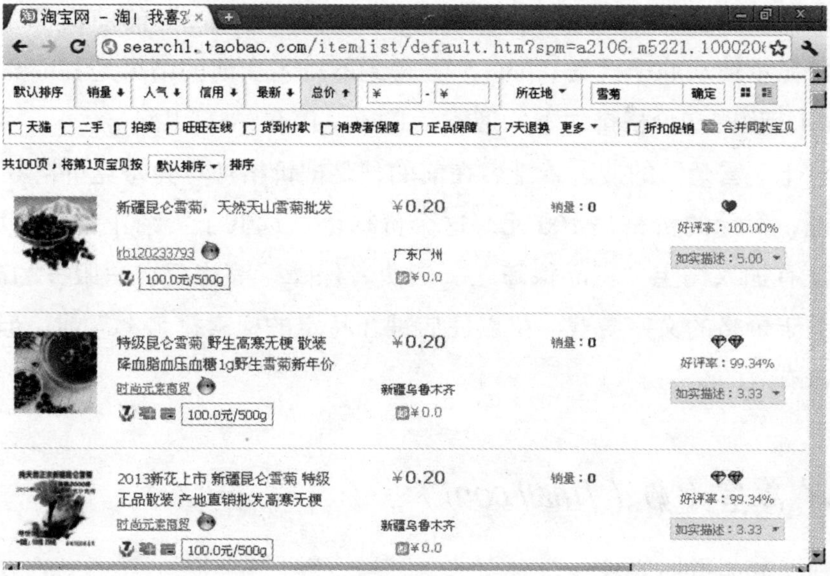

评述：从淘宝网公布的开店资质要求和收费标准看，实体店进入这个平台的门槛较低，原则上只要是年满 18 岁的中国公民，凭借身份证等有效证件，办理相关手续后，就可以开店。

淘宝网店对于大部分类别的新商品销售，需要收取 1000 元的“消保保证金”。同一店铺销售多类别商品，“消保保证金”只缴纳一次。对于销售二手和闲置商品，无需缴纳这笔费用。所以，实体店在淘宝开店的收费标准是 1000 元。如店铺关闭，保证金将退回。

从对“iPhone5”和“雪菊”的搜索结果看，淘宝的默认搜索排名是一系列复杂因素综合计算出的结果，包括卖家信用、近期成交量、客户好评率，是否加入“消费者保障”、“七天退换货”、“正品保障”等售后客户服务计划，以及店铺是否被投诉和受罚等因素综合计算的。

淘宝对于默认排名的具体计算方法，有过不止一次的调整。但是，在默认的排名中，有的网店客户评价条目过多，说明部分网店得到的客户评价，以及与评价直接相关的实际交易数量的可信度值得商榷。

按价格从低到高的搜索结果看，在搜索“iPhone5”的前提下（图中右上角显示搜索的项目是 iPhone5），得到的排名在前的结果是 iPhone4S 和 iPhone4，说明在价格排序下，搜索信息还是存在一些问题。

对于“雪菊”的搜索，排名在前的，是把价格换算为每克价格 0.20 元的店铺，每斤的价格是 100 元，这个价格仍然远低于雪菊正常的市场价。对于没有加入淘宝“正品保障”、“消费者保障”等售后客户服务的店铺，这个关于价格的文字游戏，可以使店铺在特定的搜索排名上靠前，但是无法招徕有效的交易。

2. 淘宝天猫（Tmall.com）

（1）开店资质要求

天猫的招商对象只针对企业性质的企业或者公司。

（2）开店需提交的基本资料

A. 申请企业支付宝账号

在线上传相关的公司资质和品牌资质。

确定天猫的店铺名称和域名，了解天猫店铺命名规范。

在线签订天猫服务协议、互联网支付服务协议及集分宝服务协议。

B. 品牌 / 厂商须提供

企业资质：申请企业需持有大陆企业营业执照、税务登记证。

品牌资质：申请企业需持有中国商标权证书或者商标受理通知书。

服务资质：申请企业需遵守“天猫”7 天无理由退换货、提供正规销售发票、积分活动等服务标准。

C. 代理商须提供

企业资质：申请企业需持有大陆企业营业执照、税务登记证。

品牌资质：正规品牌授权书（如果同时代理多个品牌在一家店铺销售，可以提供正规的进货渠道证明）。

服务资质：申请企业需遵守“天猫”7 天无理由退换货、提供正规销售发票、积分活动等服务标准。

（3）开店收费标准

A. 保证金

品牌旗舰店、专卖店：带有 TM 商标的 10 万元，全部为 ® 商标的 5 万元。

专营店：带有 TM 商标的 15 万元，全部为 ® 商标的 10 万元。

特殊类目说明。

a. 卖场型旗舰店，保证金为 15 万元。

b. 经营未在中国大陆申请注册商标的特殊商品（如水果、进口商品等）的专营店，保证金为 15 万元。

c. 天猫经营大类“图书音像”、“服务大类”及“电子票务凭证”，保证金收取标准：旗舰店、专卖店 5 万元，专营店 10 万元。

d. 天猫经营大类“医药、医疗服务”，保证金 30 万元。

e. “网游及 QQ”、“话费通信“及“旅游”经营大类的保证金为 1 万元。

保证金不足额时，商家需要在 15 日内补足余额。逾期未补足的，天猫将对商家店铺进行监管，直至补足。

B. 技术服务费年费：

商家在天猫经营必须交纳年费。年费金额以一级类目为参照，分为 3 万元或 6 万元两档。

年费返还：为鼓励商家提高服务质量，壮大经营规模，天猫将对技术服务费年费有条件地向商家返还。返还方式参照店铺评分（DSR）和年销售额（不包含运费）两项指标，返还的比例为 50% 和 100% 两档。

C. 实时划扣技术服务费（简称“佣金”）

商家在天猫经营，需要按照其销售额（不包含运费）的一定百分比（简称“费率”）交纳技术服务费（佣金费率通常为 5%，网店销售额较低的，按不同商品类别的销售额减半收取佣金）。

TM 商标 (Trade Mark 的缩写) 代表注册人已向国家商标局提交申请，商标局下发了《受理通知书》但尚未注册下来的。Ⓡ 商标（Register 的缩写）代表已注册的商标。

在淘宝天猫搜索“iPhone5”的结果，默认排序。

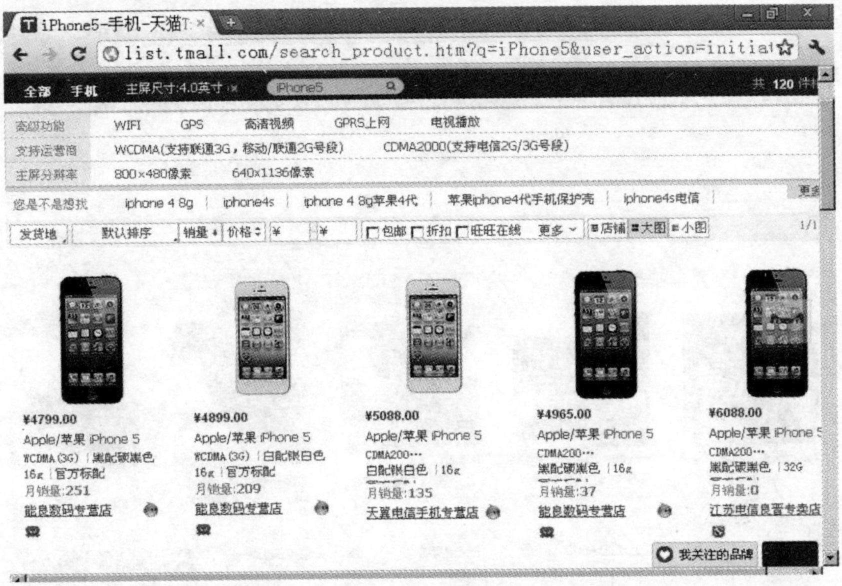

以价格从低到高排序。

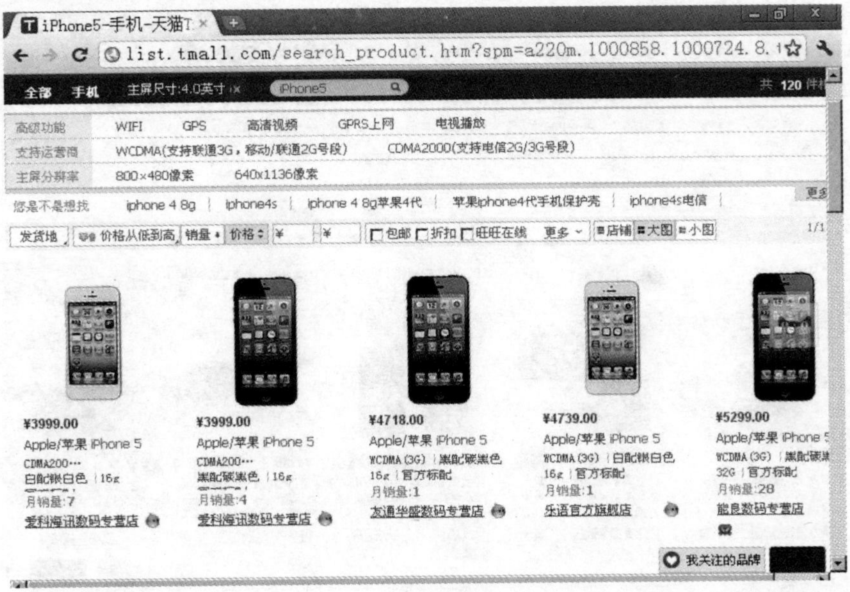

在淘宝天猫搜索“雪菊”的结果，默认排序。

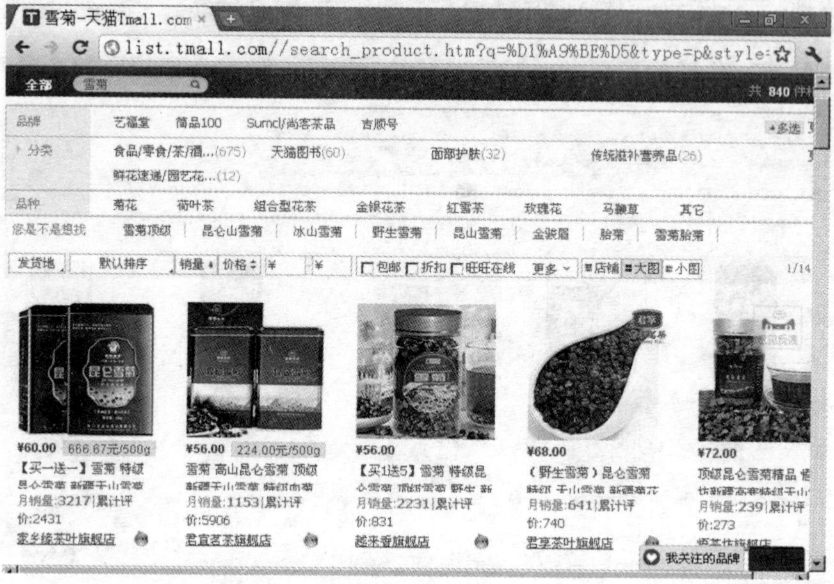

价格从低到高排序。

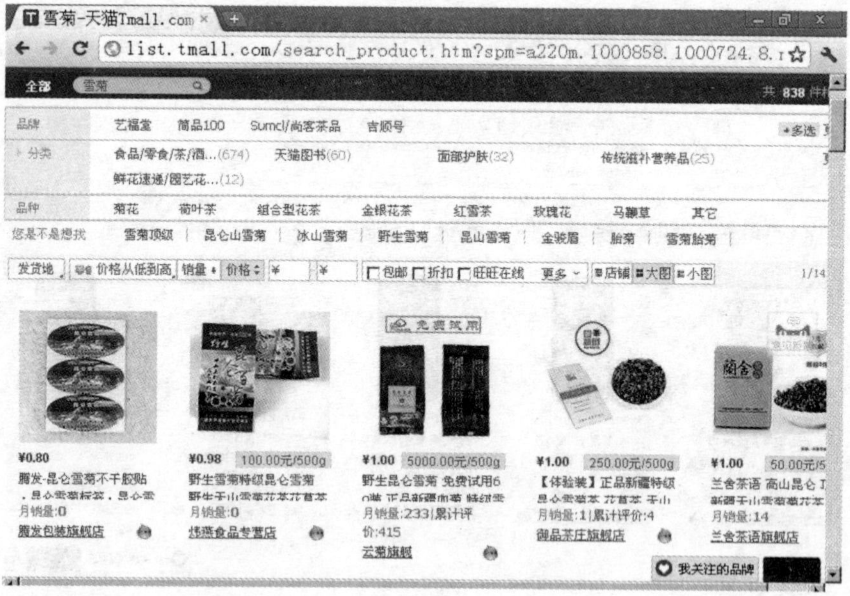

评述：从淘宝天猫公布的开店资质要求和收费标准看，普通实体店加入这个网络平台的门槛较高。原则上，淘宝天猫更适合大中型消费商品的加工制造企业和知名品牌的代理商、销售商进入这个平台。

从“iPhone5”的搜索结果看，因为淘宝天猫的卖家总数相对较少，iPhone5 的搜索结果只有 120 项，最低价格排序在前的价格 3999 元，和默认排序在前的价格 4799 元的价格差距也不是非常突出。这一结果说明，淘宝天猫的知名品牌竞争主要是店铺的店面布置、信息效率、客服满意度等服务因素，以及一些客户的消费习惯。比如，有些客户只认可某品牌的“官方旗舰店”产品，有些客户则可以接受其他商家提供的相对低价格但是有售后服务保障的同一款知名品牌产品。

从“雪菊”的搜索结果看，由于“雪菊”不是一个特定统一标准的商品，在原产地、包装设计、计量方法等方面有客观差别，搜索信息中体现出了比较明显的价格落差。在这种情况下，除了价格水平外，店铺的服务水平是否吸引客户，产品的设计包装是否迎合客户习惯，以及售后保障的具体承诺，其他客户对商品的评价等因素，均会对达成交易起到重要作用。

3. 拍拍网（Paipai.com）

（1）开店资质要求

只有符合下列条件之一的人员或实体，才能申请成为拍拍网站用户，可以使用本网站的服务。

年满十八岁，并具有民事权利能力和民事行为能力的自然人。

未满十八岁，但监护人（包括但不仅限于父母）予以书面同意的自然人。

（2）开店需提交的基本资料

用户必须拥有一个 QQ 账号，并遵守《腾讯 QQ 用户服务条款》。如果是免费 QQ 号码用户，用户还必须遵守《注册免费 QQ 号码的附加条款》。

用户必须确保是该 QQ 号的合法拥有者，否则由此引起的一切纠纷、损失和法律责任，由用户自行承担。

用户必须有明确的联系地址和联系电话，并提供真实姓名或名称。

（3）开店收费标准

网站不是传统意义上的“拍卖商”，仅为用户提供一个信息交流、物品买卖的平台，充当买卖双方之间的交流媒介，而非买主或卖主的代理商、合伙人、雇员或雇主等经营关系人。公布在网站上的交易物品，是用户自行上传进行交易的物品，并非网站所有。

对于用户刊登物品、提供信息或参与竞标的过程，网站均不加以监视或控制，亦不介入物品的交易过程，包括运送、付款、退款、瑕疵担保及其他交易事项，且不承担因交易物品存在品质、权利上的瑕疵，以及交易方履行交易协议的能力而产生的任何责任。对于出现在拍卖上的物品品质、安全性或合法性，网站均不予保证。

在拍拍网搜索“iPhone5”的结果，默认排序如下。

价格从低到高排序。

在拍拍网搜索“雪菊”的结果，默认排序如下。

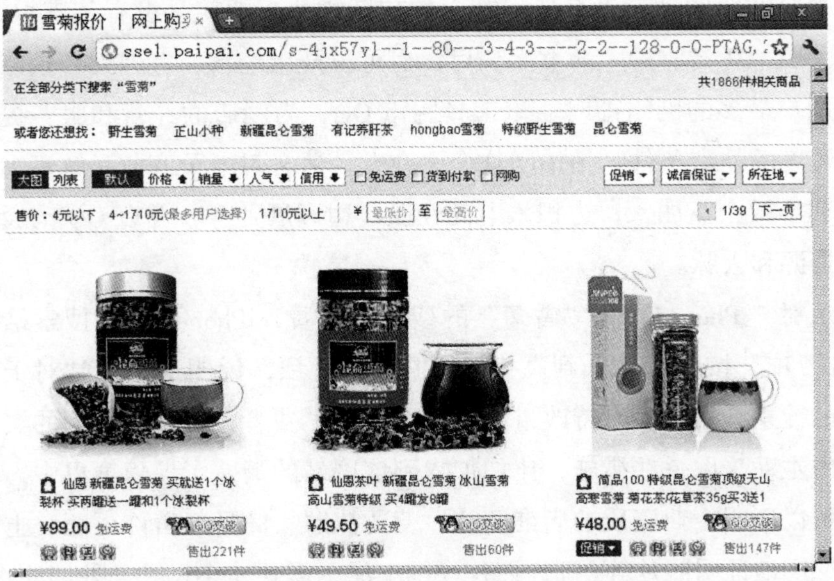

价格从低到高排序。

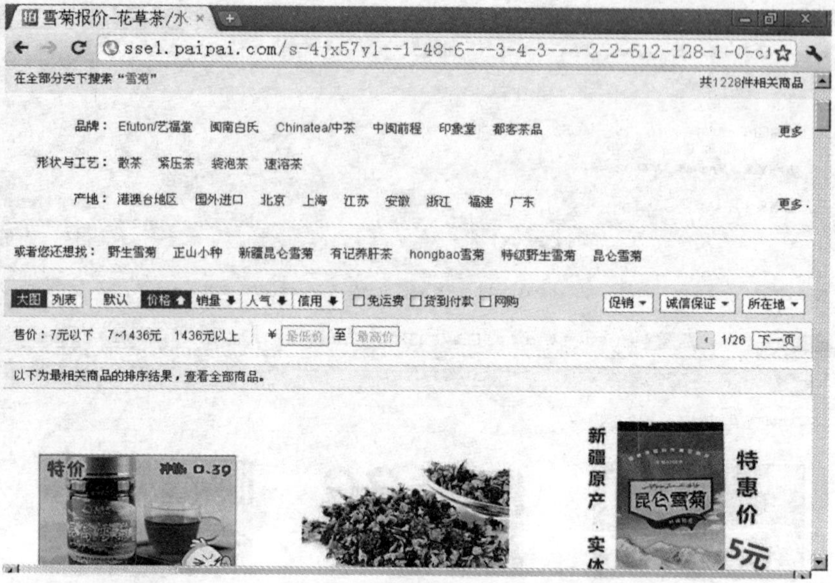

评述：从拍拍网公布的开店资质要求和收费标准看，实体店加入这个网络平台非常便利，没有任何开店的前期缴费。即使是没有年满 18 岁的中国公民，凭借监护人的书面认可，也可以开店经营。考虑到拍拍网拥有全球用户最多的网络即时通讯工具腾讯 QQ，为网店的经营和服务提供了较大程度的便利条件。拍拍网这个平台尤其适合对电子商务了解不多的实体店和小微企业加入，边积累电商经验，边开展业务，并以 QQ 沟通拓展客户资源和人脉。

从对“iPhone5”和“雪菊”的搜索结果看，iPhone5 默认搜索结果有近 13 万项，按价格从低到高排序则只有 292 项，说明这个网站对于商品信息的搜索和排序还有待改进。为了取信于消费者，加入拍拍网的实体店应考虑主动采取一些措施，比如加入到该网站的消费者保障项目中，主动展示可以证明企业资质的店铺照片、营业执照、商品经营许可证、土特产品的原产地证明照片等（证件照片在网上展示需要缩小尺寸，并加注水印，以防被不法分子保存图像后仿冒和盗用）。

4.京东商城（JD.com）

（1）开店资质要求

商家企业资质要求：公司注册资金 50 万元及 50 万元以上人民币。

（2）开店需提交的基本资料

资质清单	备注
营业执照复印件	通过最新年检
组织机构代码证复印件	
税务登记证复印件	国税加地税
开户银行许可证复印件	
商标注册证复印件	商标正在申请品牌提供《商标注册申请书》
品牌销售授权证明复印件	注册人与授权人的关系证明
质检报告复印件或产品质量合格证明	不同品牌不同类目产品均需提供一份

★所有证件均需在有效期内

（3）特殊产品资质审核

类型	资质清单
化妆品商品商家	化妆品生产厂商持有的《化妆品卫生许可证》复印件和《化妆品生产许可证》（即《全国工业产品生产许可证》）复印件 化妆品生产厂商的营业执照副本复印件 部分商品检验检疫合格的报告或证明复印件
进口化妆品商品商家	海关进口货物报关单复印件 出入境检验检疫入境货物检验检疫证明复印件 进口非特殊用途化妆品备案凭证复印件 商品需带有 CIQ 表示和中文标签

续表

类型	资质清单
食品商品商家	《食品卫生许可证》或《食品流通许可证》复印件 《食品生产许可证》复印件 如系进口食品还须商品出入境检验检疫合格证明、《卫生证书》复印件以及报关单 如系酒类销售还须提供《酒类零售许可证》或《酒类流通备案登记表》复印件 如系蔬果、生鲜商品还须提供产地证明及卫生检疫合格证明复印件

另：特殊产品资质以京东网站质控部需要的资料为准。

备注：

代理商需要提供的授权资质：需要确保授权链条的完整，即申请入驻企业拿到的授权，能够逐级逆推回品牌商。

发票：所有入驻的企业，必须给消费者提供正规发票，发票盖章的公司名称必须与商家与京东合作的公司名称一致。

京东商城暂不接受未取得国家商标总局颁发的商标注册证或商标受理通知书的境外品牌的开店申请。

要保证入驻前后提供的相关资质的真实有效性（若您提供的相关资质为第三方提供，如商标注册证、授权书等，需先行核实其真实有效性）。一旦发现虚假资质，公司将被列入非诚信商家名单，京东商城将不再进行合作，并将扣除保证金。

（4）开店收费标准

收费形式：根据店铺经营类目不同，收取不同的平台使用费及保证金。

在京东商城搜索“iPhone5”的结果，默认排序如下。

价格从低到高排序。

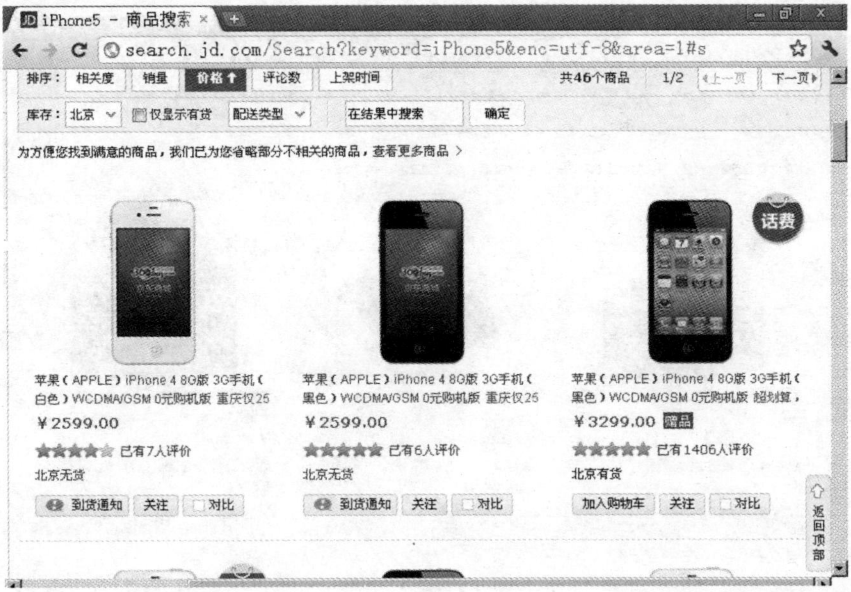

在京东商城搜索“雪菊”的结果，默认排序如下。

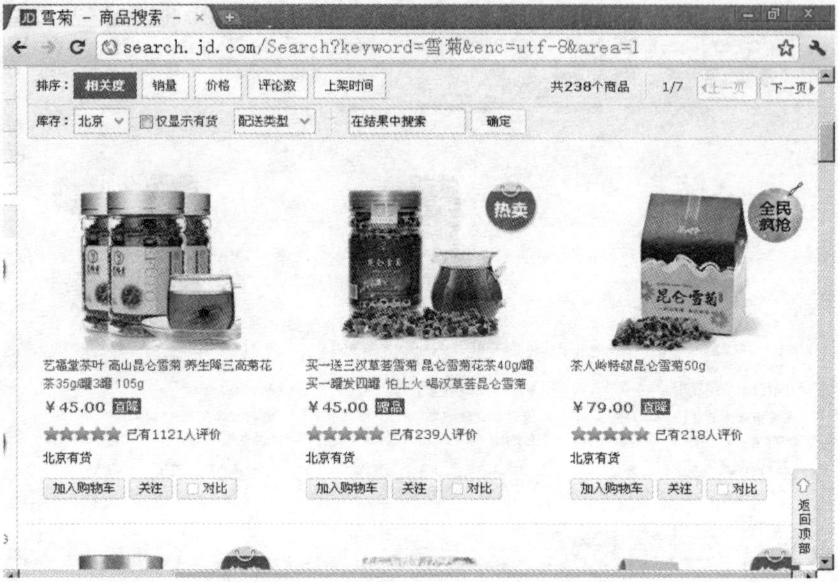

价格从低到高排序。

评述：从京东商城公布的开店资质要求和收费标准看，其保证金收取标准低于淘宝天猫，较大规模且商品总体利润较高的实体店，可以考虑加入这个电商平台。考虑到京东商城近年来在销售平台和物流配送上进行了较大力度的整合与拓展，如果是有资质的生产型、加工型小微企业，或者是专营土特产的原产地商户，与其在京东商城开店经营，不如考虑直接成为这家电商企业的供货商，让京东商城替你的企业销售产品。

从对“iPhone5”和“雪菊”的搜索结果看，京东商城的搜索结果比较注重本地是否有现货，以及是否有购物赠品，购手机是否加赠通话费等商品的附加值信息，这表明这家电商企业在改进商品信息服务和业务方向正在走向成熟。但是，看到“雪菊”的默认搜索结果中，也贴上“热卖”、“全民疯抢”等多少带有情绪化的标签后，又显示出这家电商企业在商品信息服务上做得还不够成熟。

5. 亚马逊中国（Z.cn，Amazon.cn）

（1）开店资质要求

入驻亚马逊的卖家，必须是在中华人民共和国（港、澳、台地区除外）注册的企业，且需要具备销售相应商品的资质。

能够开具发票：如果顾客需要发票，须及时为顾客提供普通销售发票。

具备全国配送能力：亚马逊顾客遍布全国，会收到来自全国各地的订单，所以如果选择自主配送模式，需要具备将商品配送至全国的能力。

特别提示：个体工商户不能入驻亚马逊平台。

（2）开店需提交的基本资料

在线填写公司信息，创建亚马逊卖家账户。注册过程中，需要提交电子版的营业执照副本复印件和国税税务登记证复印件。

（3）开店收费标准

A. 佣金

商品分类	佣金比例
手机通讯、数码、电脑、大家电、数码配件	4%
金条、银条	5%
个护健康、美容化妆、办公用品	6%
食品、汽车用品	7%
图书、音乐、影视、玩具、母婴	8%
服装鞋靴、箱包配饰、运动户外休闲、家居（床上用品、卫浴、厨具、家居装修、园艺、工具）、小家电、宠物用品、酒类、其他	10%
钟表	12%
珠宝首饰	15%

B. 仓储费

库存商品送达亚马逊运营中心后，需要经过扫描和测量并计入系统。仓储费用将根据单件商品的实际体积和商品在亚马逊运营中心存储的实际天数进行计算。

亚马逊仓储费用 =155 元 / 每月每立方米（按照实际商品体积以及存储天数收费）。

单件商品仓储费用计算公式 = 特定商品体积（m^3）×（保管天数 / 当月天数）×155 元 / 每月每立方米

总仓储费用计算公式

$$\text{当月仓储费用} = \frac{\text{第一天所有库存体积} + \text{第二天所有库存体积} + \cdots\cdots + \text{当月最后一天所有库存体积}}{\text{当月天数}} \times \text{155元/每月每立方米}$$

C 配送费：亚马逊物流配送费用

收费明细	图书音像	小件商品	大件商品
每件商品服务费	1.25 元 / 件	2.5 元 / 件	3 元 / 件
每个订单（≤ 1kg）	4.25 元 / 每单	5.75 元 / 每单	7 元 / 每单
续重	1.75 元 / 千克	1.75 元 / 千克	1.75 元 / 千克

注：图书音像：包含图书、音乐、影视等商品。

小件商品：除图书、音乐、影视之外的非大件商品。

大件商品：任何体积超过 50cm × 40cm × 25cm 或者重量超过 10 千克的包裹类型。

多渠道配送：亚马逊配送其他渠道销售产生的订单。

重量计费：重量为商品含包装重量，首千克费用（小于等于 1 千克）包含在每个订单费用内。超过 1 千克的，每千克收费 1.75 元；超过部分不足 1 千克的按 1 千克计算。

续重：1−80 kg，不足 1 千克按照 1 千克计算

在亚马逊中国搜索“iPhone5”的结果，默认排序如下。

价格从低到高排序。

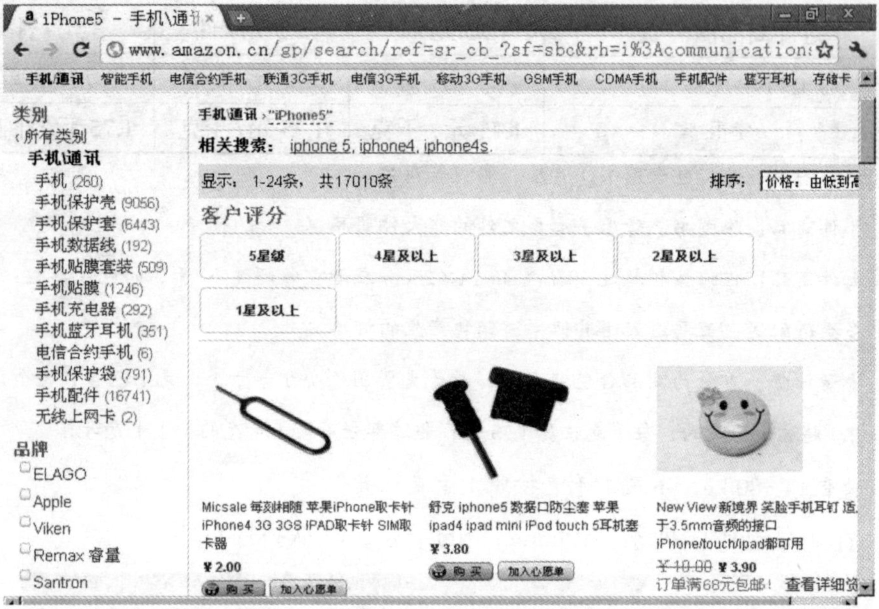

在亚马逊中国搜索“雪菊”的结果，默认排序如下。

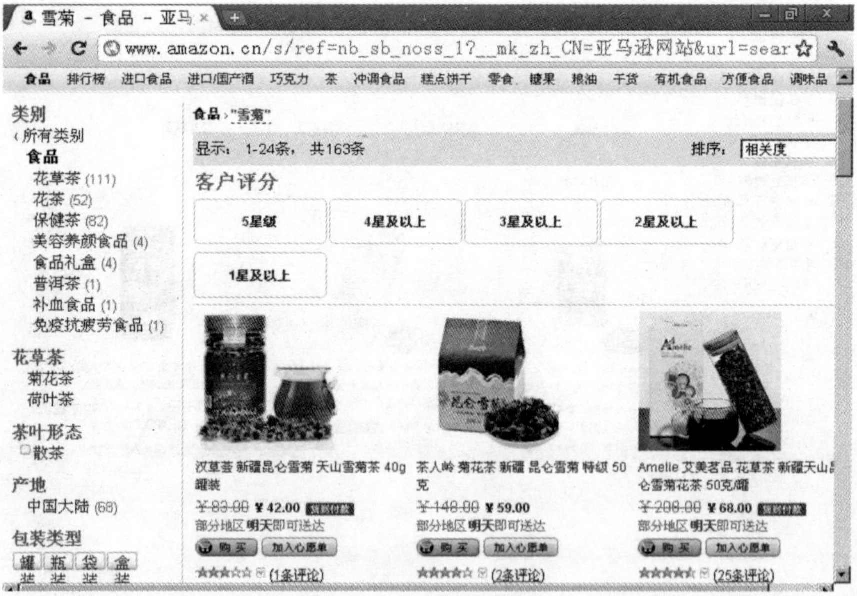

价格从低到高排序。

评述：从亚马逊中国公布的开店资质要求和收费标准看，对于包括实体店在内的企业卖家，加入亚马逊销售平台不收取前期费用。如果卖家不使用亚马逊的仓储和配送服务的话，亚马逊只是针对达成的销售，按不包含运费的交易金额，按不同的商品类别收取 4%~15% 的佣金。在有关的说明中，亚马逊也承诺每隔 14 天会与卖家进行一次结算，说明卖家在出售商品后，收回货款的周期也比较短。

从国内网店的经营水平看，没有前期收费，就可以在亚马逊的销售平台开店，这肯定好事。有所顾虑的因素，是亚马逊中国收取的佣金比例相对高了些。在 Amazon.com，第三方销售平台对于零散交易的商户，收取的佣金是每件 0.99 美元；对于月销售 40 件以上商品的商户，按每月 39.99 美元的标准收取固定佣金。

图书和音像制品在美国属于利润率较高的商品，在国内市场的利润率要低很多，按 8% 的比例收取佣金，或许并不适合中国市场的具体环境。而且正规出版的图书和音像制品，很可能已经列入亚马逊中国销售平台自营商品的目录里，第三方商户如销售同样的商品，势必定价要低于亚马逊中国自营商品的价格，才有可能与客户达成交易。

此外，亚马逊中国实行购买满29元人民币免运费配送的政策，相应地，在线销售的第三方商户为了让客户满意，也势必要由卖家负担运费成本，卖家的成本会因为负担运费进一步提高。亚马逊中国的销售平台提供了企业客户可以无前期缴费、免费开店的便利，但仍需在本土化策略上做很多事。

从对“iPhone5”和“雪菊”的搜索结果看，亚马逊的商品信息搜索几乎可以打100分。首先，从默认排序和价格从低到高排序的方式搜索，这两种关注度完全不同的商品，搜索到的数量都是完全相同的。

搜索“雪菊”的结果，按两种排序方法都是163项。搜索“iPhone5”的结果，按两种排序方法都是17010项。在页面左侧和顶端列出的搜索商品的相关商品信息、同类别商品信息（手机/通讯类、食品类）的信息标签，也布置得非常合理，既扩大了商品信息的覆盖面，又不会在视觉习惯上对客户形成信息干扰。

其次，按默认方式得到的搜索结果，不仅提供了是否可以“货到付款”这一对于客户非常重要的购物信息，也在价格信息下方标明了客户所在地下单后预计送达的日期，极大消除了客户网络购物对于配送周期的不确定感。

更重要的是，默认排序的搜索结果和价格从低到高排序的搜索结果，都没有显示出设定了复杂的排名因素，或者人为干预影响到搜索结果的迹象。亚马逊的云计算能力和“帮助客户作出合理的购物选择”的服务理念，由此可见一斑。

四、微博与社会化营销

对于从事电子商务的企业来说，一个不应忽视的重要事实是：网络购物的活跃用户，基本上都属于互联网的活跃人群，这些用户对互联网的社会、商业、时尚等资讯有着比较敏锐的反应。同时，他们的人脉关系和社交圈，也在一定程度上依靠互联网，经常利用微博、博客、论坛、电子邮件和即时通讯工具等互联网交流方式达成联络。

随着微博的兴起，越来越多的信息通过以微博为主的互联网平台广泛传播，微博信息一定程度上取代了传统新闻的作用。同时，微博信息包罗万象，丰富多彩，互动迅捷，可以作为新闻的延伸，这就为电子商务企业提供了通过互联网进行企业社会形象、企业品牌理念和企业相关产品社会化宣传和营销的重大机遇。

这也就是说，利用以微博为节点的社会化网络，结合以往的在线论坛和社区、博客、视频网站等渠道，企业可以在互联网环境下，像媒体一样传播和发布资讯，从而构建企业的宣传、推广、营销、销售、公共关系处理和客户服务等社会化营销的传播主体和媒介中心，实现企业电子商务与社会化营销的有效结合。

社会化营销又称社会媒体营销（Social Media Marketing，SMM），是以互联网作为社交媒体传播平台，建立庞大的用户关注群体（也叫“粉丝”，英文“Fans”的音译），在社交网络中建立以信任关系为核心的营销关系，通过知名企业、知名品牌、知名人物和有影响力的营销活动等要素，实现企业信息向公众的有效传播，实现营销活动的设计目标。

传统媒体的信息传播，是以媒体为中心，单方向地向受众推送内容。最典型的营销做法是，电视媒体和广播媒体重复多次播出广告，平面媒体以较大篇幅广告配合宣传稿件，从而影响消费者对于商品的选择。

比起单方向的传统媒体营销，以互联网为中心的社会化营销，使企业的商业活动具有多向性、互动性。通过企业社会化营销的各种策略，使企业的形象、品牌、产品，得到互联网用户的广泛关注和参与，在与众多的互联网用户建立起信息互动和一定程度信任关系的基础上，实现企业电子商务业务的互联网销售和推广。

企业的社会化营销，应着重于与广泛的互联网用户建立起互动的有特色的氛围友善的关系，这是通过互联网构建长期客户资源的基础。

传统媒体自说自话式的广告推销，生硬呆板的营销策略，单纯以价格竞争为驱动的销售思路，已经越来越不适应当今社会公众多元化的消费需求，以及对于信息互动与消费行为关系密切的消费取向。

互联网用户越来越厌烦电视广告，越来越倾向于和志趣相投的人士通过微博等互联网渠道交流，也更多地信任社交网络上朋友提供的信息。

企业的社会化营销应随需而变，通过微博、论坛等方式，建立与消费者友善的关系和丰富的互动参与模式，实现企业利益与消费者利益共享和共赢的模式。

1. 微博的力量

微博是微型博客（Micro Blog）的简称，是基于 web2.0 理念开发出的一种应用。用户通过互联网信息平台技术，可以即时发布信息。与传统博客相比，微博具有信息短小、发布灵活、传播快速等显著特点。

中文微博通常以每条 140 字作为文字更新信息的上限，包括与文字内容相关的标点符号、空格以及插入的微博表情等特殊符号。为了让用户发表超过 140 字的内容，许多微博网站也提供了长微博工具，即把用户发表的篇幅较长的信息转化为图片格式发表。用户亦可自行使用绘图软件，将自己写的文字通过“拷贝”和“粘贴”功能，转存为图片格式后，在微博发表。

微博兴起于 2006 年 3 月在美国加利福尼亚州创立的社交网站 Twitter.com（中文音译“推特”），创建人是推出过“博客网”（Blogger.com）的伊万·威廉姆斯等 4 人。Twitter 的英文原意为小鸟鸣叫发出的叽叽喳喳声，切合微博短、频、快的内涵。Twitter.com 帮助用户将自己的最新动态和想法，通过网站页面和客户端、即时通讯工具、移动电话短信等工具，以短信息的形式发布，所有消息的长度均限制在 140 个字符以内。

2009 年起，微博热潮在国内兴起，2010 年则被称为“中国微博元年”。作为一种新兴的媒体，国内微博用户呈现出爆发式增长，几乎所有的大中型商业企业和不计其数的小型商业企业成为微博用户。大多数政府机构也注册微博，通过这种网络新媒体，向公众发布公共事务和公共服务信息。

微博改变了以往互联网用户话语权不平等的状况，不同的用户影响力和受关注度不同，但是具有同样的话语权。微博以信息短小，发布灵活，传播快速等显著特点，使互联网上参与微博交流的各方，无论是各界名人还是普通用户，无论是实名用户还是非实名用户，无论是权威机构还是无名草根，都以同等的话语权参与到包罗万象的网络信息互动交流过程中。

微博无需像传统博客、论坛那样，因为作者遣词造句、修辞逻辑、长篇大论的文字创作能力有高下之分，使不同的用户在博客、论坛等网络交流平台上因为语言和书写能力的区别，造成实际话语权的差别。

在信息充分流通的时代，以微博为典型媒体的社会化营销，具有以下几个显著的作用。

（1）让消费者通过信息网络，直观地关注和了解企业、品牌和产品。

（2）让消费者对企业的产品和服务直观认知，得到对消费者有价值的信息。

（3）让消费者参与到品牌或产品的创想、规划和设计过程中。

（4）通过特定的网络活动，与消费者形成有效互动，使目标客户参与到企业产品的构建过程中，并因此产生荣誉感和成就感。

（5）通过互联网为中心的社会化营销，构建长期稳定的客户资源，并有效节省用于传统媒体的广告费用支出。

同时，企业在互联网的社会化营销中切忌以下几点。

（1）向“粉丝”过度推销商品。

（2）忘记低调谦逊的友善原则。

（3）举办微博征名、征集口号或宣传广告语、举办抽奖等互动活动，但言而无信，损害企业声誉。

（4）负面报道过多，忽视公益和社会责任。

（5）抄袭等侵权行为。

2.从直销到社会化营销

在以亚马逊为代表的网络购物电子商务模式取得成功之前，“戴尔模式”创造了信息产品直销成功的商业模式。

1984 年，作为在校大学生的迈克尔·戴尔 (Michael Dell)，以 1000 美元资本创立了戴尔公司，开始了客户定制、配件组装然后销售个人电脑的直销业务。1988 年，戴尔公司在美国纳斯达克上市，到 2002 年，戴尔公司跃升为全球第一大个人电脑厂商，股市市值一度超过 1000 亿美元。

此后，由于个人电脑软硬件利润逐渐摊薄，戴尔公司在向智能手机等业务转型不利后，业绩逐渐下滑。随着苹果公司 iPhone 智能手机和 iPad 平板电脑为代表的移动互联网用户迅速增长，原有的个人电脑台式机、笔记本电脑的销售增长空间日渐萎缩，戴尔公司的业务发展面临更多的困境。

2013 年初，公司创始人戴尔试图以回购股票的方式对企业进行私有化改造，以图东山再起。

20 世纪八九十年代，个人电脑属于价格比较昂贵的高价商品。“戴尔模式”成功地运用了客户对于购置个人电脑价格的价格预期，化整为零，以组装零配件的方式，生产出远低于客户预期价格的“高端配置，平实价格”的产品，迅速扩大了业务规模。随着戴尔公司的业务量扩张，这家公司以更大的批量为优势，从硬件和软件厂商拿到的配件和软件批发价格更低，戴尔公司于是能够从中获得更多的销售利润，直到成长为全球销量第一的个人电脑生产商。

随着互联网应用的普及，戴尔公司“高端配置，平实价格”的直销策略，也跟进了网络和社会化营销的趋势。其在线方式的销售网站 (Dell.

com)，配合以电话热线销售，成为直销的两个主要渠道。

为实现电子商务渠道多元化，戴尔公司也注重把企业的博客、微博作为宣传窗口。自 2007 年 3 月在 Twitter 开通官方平台之后，戴尔公司已在 Twitter 中建立了几十个账号，依功能分成了六大类，每个账号都有专人负责管理。

不过，戴尔公司的微博并不是企业直接促销产品的广告平台，作为社会化媒体最活跃的形式，微博的主要作用是提供企业与客户沟通交流的平台。企业过度在微博平台上推销产品，往往会引起一些用户的反感。因此，微博并不适合作为一个直接的网络购物平台，而是互联网社会化的媒体工具。

从理念层面看，微博的传播要围绕“微”字作文章，也就是篇幅短小，传播快捷，便于沟通。由于微博信息内容限制在 140 个字符以内，企业通过微博发布的信息，具有言简意赅，表达直观，更新速度快，信息传播效率高，客户易于阅读和理解的优点。

此外，微博适应多种渠道信息发布，用户可以通过智能手机、平板电脑等移动终端，随时随地阅读和发布微博信息，每个微博都可以成为一个微缩的媒体中心。同时，微博也可以视为一个社会化营销网络的信息节点和网络人际关系终端，通过关注、转发、评论、分享等方式，构成微博传播的网状结构。

从实务层面看，企业运用微博搭建社会化营销平台，最重要的工作是发挥微博信息传播“短、平、快”的优势，以及友善对话、随机互动的特点，树立企业形象，构建企业在微博平台媒体的影响力。

具体来说，可总结为以下三点。

一是以微博传播，促使公众全方位地了解企业，包括企业的历史传承、基础设施、工作环境、品牌理念、产品优势、工艺特点、客户口碑、社会责任、公益活动、发展愿景，以及店铺类企业的店面装璜、地段位置、交通路线、周边环境、季节促销、售后服务等全方位、多角度的微博信息。其中，促销活动类信息只适合作为微博平台传播信息的一小部分，不适合将微博作为企业网络销售的主要业务。

二是要努力建立平等互动的对话机制。微博以简短、碎片化的信息，改变了以往互联网用户在网络交流中，因语言能力、知识背景等方面的差异，导致的话语权不平等状况。因此，利用微博内容和互动方式吸引更多微博用户的关注，获得公众对企业形象、企业品牌、企业产品和企业服务的认同，利用征集、评议、转发、抽奖等活动吸引公众的关注和参与，并如实发出承诺的奖项，或兑现其他承诺的回报。

此外，企业微博还可以就公众关心的突发焦点、热点事件，作出符合绝大多数公众认知和认可的评议，配合某些时机，适时举办社会公益活动，体现企业的社会责任感和公益责任心。

从运营成本上看，企业微博即使经常举办各种公众参与的活动，其成本也远少于电视广告或者平面媒体广告的支出。运作成功的微博，完全可以成为宣传企业特色，传播企业文化，构建企业形象的一个媒体平台。

三是要适当结合线上与线下的活动，使企业与目标消费群体拉近距离，发掘客户群体的潜在需求。通过线上的微博、论坛等方式，以及丰富生动的线下活动相配合，促进企业与客户之间建立起密切和具有信任感的联系，向目标客户群体潜移默化地传递企业文化和品牌理念，并用第一手信息的问卷调查、消费者满意度调查等方式，切实了解公众对于企业产品和服务的潜在需求。借鉴亚马逊公司的做法，从客户的需求出发，采用逆向工作法倒推自己的工作流程，可以改进企业的管理导向和工作细节，为企业的发展战略找出最适当的方向。

总之，企业微博不仅在于通过互联网的社会化营销吸引消费者更多的关注和参与，更要注重创造好的客户体验，赢得更多的公众信任和认同，以实现社会化营销的预期目标。